A PANTERA DAS NEVES

SYLVAIN TESSON

A PANTERA DAS NEVES

Tradução de JULIA DA ROSA SIMÕES

Texto de acordo com a nova ortografia.
Título original: *La panthère des neiges*

Tradução: Julia da Rosa Simões
Capa: Ivan Pinheiro Machado. *Ilustração*: iStock
Mapas: Sylvain Tesson
Preparação e revisão: L&PM Editores

CIP-Brasil. Catalogação na fonte
Sindicato Nacional dos Editores de Livros, RJ.

T324p

Tesson, Sylvain, 1972-
    A pantera das neves / Sylvain Tesson; tradução Julia da Rosa Simões. – 1. ed. – Porto Alegre [RS]: L&PM, 2020.
    168 p. : il. ; 21 cm.

    Tradução de: *La panthère des neiges*
    ISBN 978-65-5666-094-3

    1.Leopardo-das-neves - Tibete (China). 2.Tibete (China) - Descrições e viagens. I.Simões, Julia da Rosa. II.Título.

20-66151   CDD: 915.15
                         CDU: 910.2(515)

Meri Gleice Rodrigues de Souza - Bibliotecária - CRB-7/6439

© Éditions Gallimard, Paris, 2019.
© Vincent Munier pela fotografia incluída na página 121.

Todos os direitos desta edição reservados a L&PM Editores
Rua Comendador Coruja, 314, loja 9 – Floresta – 90.220-180
Porto Alegre – RS – Brasil / Fone: 51.3225.5777

Pedidos & Depto. Comercial: vendas@lpm.com.br
Fale conosco: info@lpm.com.br
www.lpm.com.br

Impresso no Brasil
Primavera de 2020

À mãe de um leãozinho.

"As fêmeas sempre são menos corajosas que os machos, com exceção da ursa e da pantera: as fêmeas dessas espécies parecem mais destemidas."

ARISTÓTELES,
História dos animais, IX

SUMÁRIO

Apresentação..15

I. A aproximação..21
   O motivo..23
   O centro..26
   O círculo...29
   O iaque...31
   O lobo..36
   A beleza..39
   A mediocridade..42
   A vida..44
   A presença..47
   A simplicidade...50
   A ordem..53

II. A esplanada..59
   A evolução dos espaços.............................61
   O único e o múltiplo.................................66
   O instinto e a razão..................................68
   A Terra e a carne......................................73

III. A APARIÇÃO 77
    Apenas os animais 81
    O amor nas encostas 86
    O amor na floresta 89
    Um gato num desfiladeiro 95
    As artes e os animais 98
    A primeira aparição 103
    Deitar no espaço-tempo 107
    Palavras para o mundo 112
    O pacto da renúncia 114
    As crianças do vale 118
    A segunda aparição 123
    A parte dos animais 127
    O sacrifício do iaque 129
    O medo do escuro 132
    A terceira aparição 136
    Consentir com o mundo 139
    A última aparição 144
    O eterno retorno do eterno retorno 146
    A fonte separada 148
    Na sopa primordial 152
    Voltar, talvez! 155
    O consolo do selvagem 157
    A face oculta 160

A PANTERA DAS NEVES

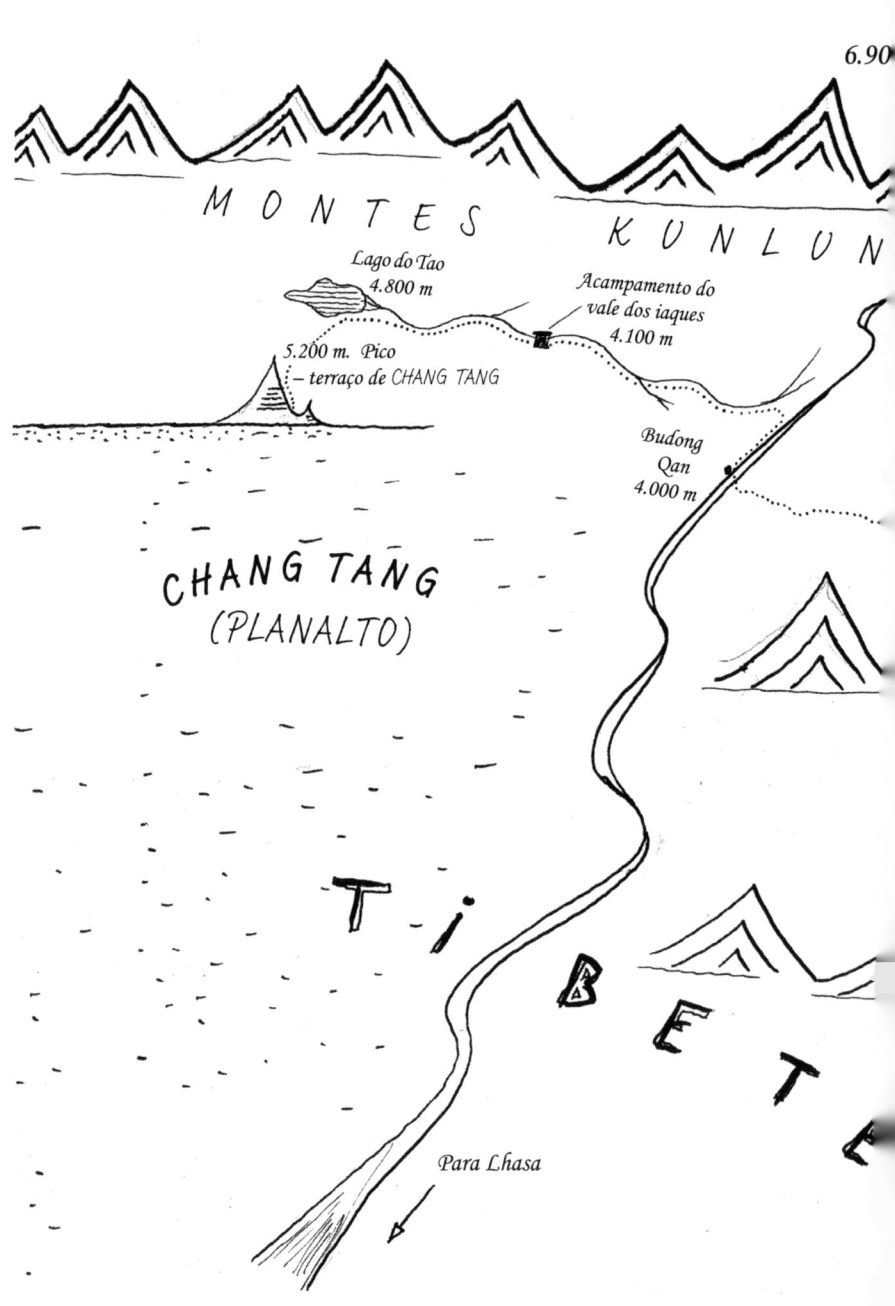

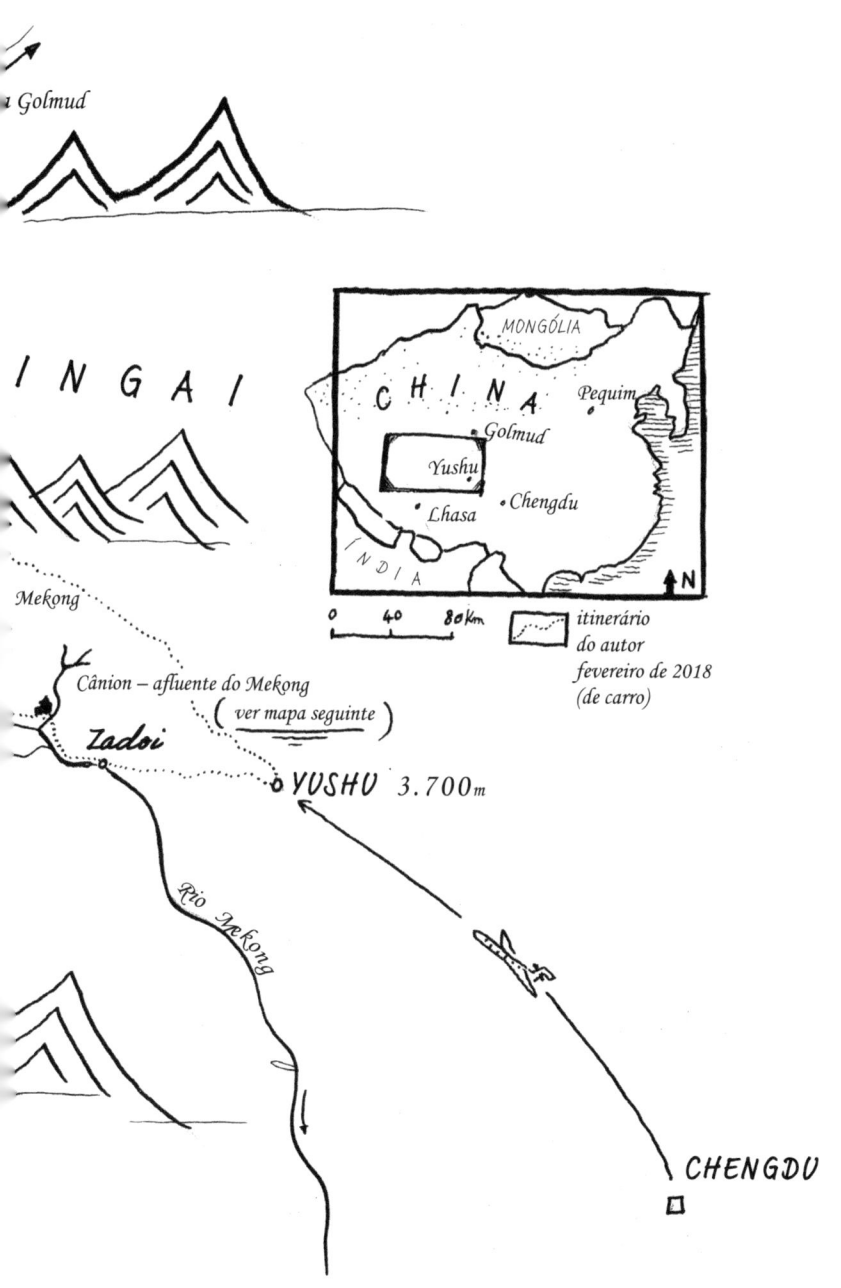

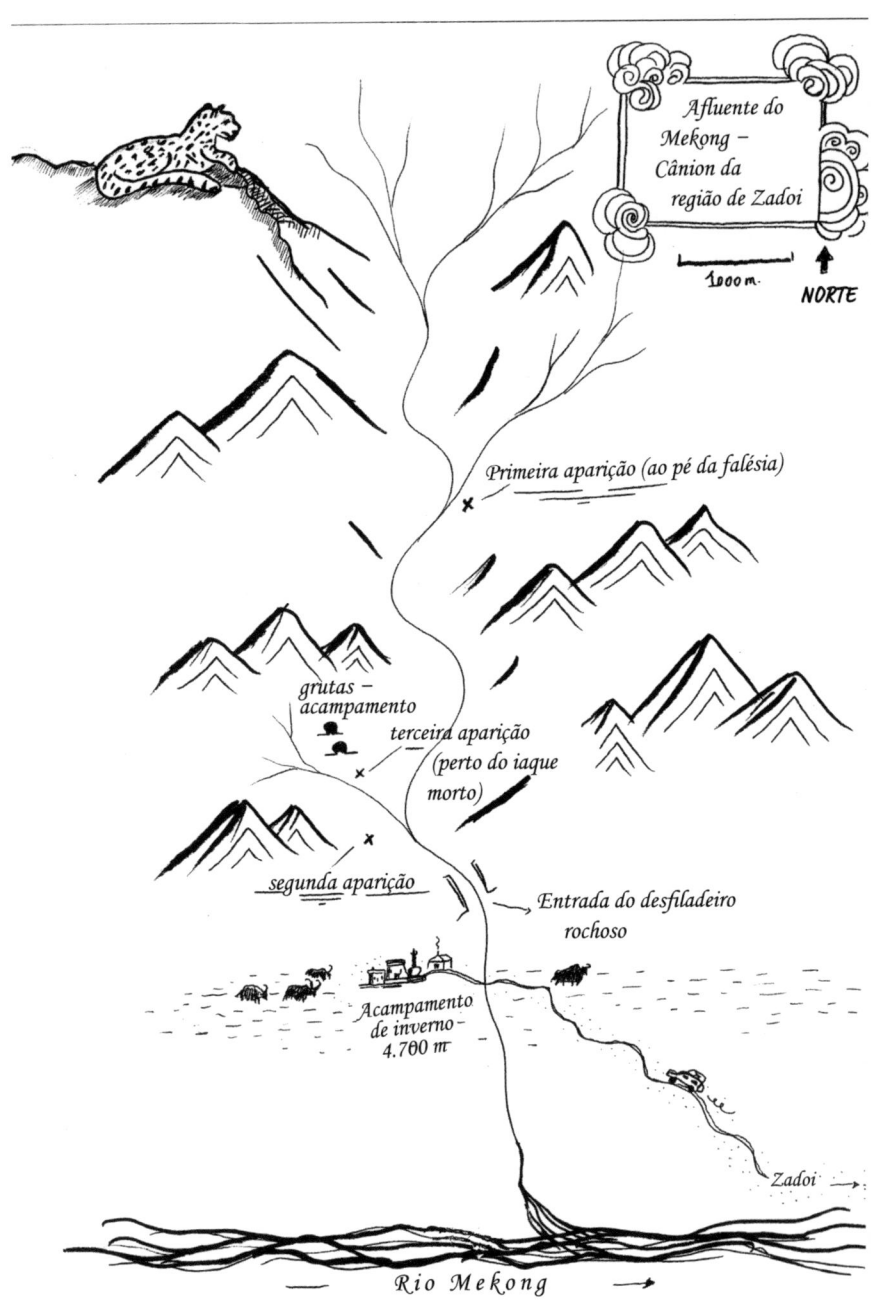

APRESENTAÇÃO

Conheci-o num domingo de Páscoa, durante a projeção de seu filme sobre o lobo-abissínio. Ele me falou da intangibilidade dos animais e de uma virtude suprema: a paciência. Contou-me sua vida de fotógrafo de animais e detalhou as técnicas de espreita. Era uma arte sutil e refinada, que consistia em camuflar-se na natureza à espera de um animal que talvez não aparecesse. As chances de voltar de mãos vazias eram grandes. A aceitação da incerteza me pareceu muito nobre – por isso mesmo, antimoderna.

Eu, que adorava percorrer caminhos e estradas, aceitaria permanecer imóvel e silencioso por horas a fio?

Escondido no meio das urtigas com Munier, eu obedecia: nenhum gesto, nenhum barulho. Podia respirar, única banalidade autorizada. Nas cidades, havia adquirido o hábito de tagarelar por qualquer coisa. O mais difícil era não abrir a boca. Charutos estavam proibidos. "Fumaremos mais tarde, numa ribanceira do rio, estará escuro e enevoado!", dissera Munier. A perspectiva de queimar um havana às margens do Mosela tornava suportável a posição deitada, à espreita.

Os pássaros do túnel verde riscavam o ar da noite. A vida pululava. As aves não perturbavam os espíritos do lugar. Pertencentes àquele mundo, não abalavam sua ordem. Havia beleza. O rio corria a cem metros. Enxames de libélulas sobrevoavam a superfície, vorazes. Na margem oeste, um falcão caçava. Voo majestoso, preciso, mortal – um Stuka.

Não era o momento de se deixar distrair: dois adultos saíam da toca.

Até a chegada da noite, uma mistura de leveza, graça e autoridade. Os dois texugos passaram adiante algum sinal? Quatro cabeças apareceram e sombras saíram das galerias. As brincadeiras ao crepúsculo começaram. Estávamos a dez metros de distância e os animais não nos viam. Os jovens texugos brigavam, escalavam uma encosta, rolavam para dentro da toca, mordiam-se a nuca e recebiam o peteleco de um adulto que colocava um pouco de ordem naquele circo. As pelagens negras com três linhas brancas desapareciam entre as folhagens, voltavam a aparecer mais adiante. Os animais se preparavam para esquadrinhar campos e margens. Eles se aqueciam antes da escuridão.

Às vezes, um dos texugos se aproximava de onde estávamos e alongava o longo focinho, que num movimento de cabeça ficava bem de frente para nós. As faixas escuras dos olhos desenhavam duas manchas melancólicas. Ele avançava mais um pouco, víamos as patas plantígradas, fortes, voltadas para dentro. As garras deixavam no solo da França pegadas como as de pequenos ursos, e certos homens pouco hábeis no julgamento de si mesmos identificavam-nas como vestígios de "espécies daninhas".

Era a primeira vez que eu me mantinha parado com tanta calma, na esperança de um encontro. Eu não me reconhecia! Até então, havia viajado da Iacútia ao Seine-et-Oise seguindo três princípios:

O imprevisto nunca vem até nós, é preciso espreitá-lo em toda parte.

O movimento fecunda a inspiração.

O tédio corre menos que um homem apressado.

Em suma, eu me convencia da existência de uma relação entre a distância e o interesse dos acontecimentos. Considerava a imobilidade um ensaio geral para a morte. Em deferência a minha mãe, que repousava num túmulo às margens do Sena, eu vagava com frenesi – sábados na montanha, domingos na praia – sem prestar atenção ao que acontecia a meu redor. Como é que milhares de quilômetros de viagem um dia me levaram a ficar com o queixo na grama, à beira de um buraco?

Perto de mim, Vincent Munier fotografava os texugos. Sua massa muscular dissimulada pela camuflagem se confundia com a vegetação, mas seu perfil ainda se delineava sob o lusco-fusco. Ele tinha um rosto de linhas retas e arestas alongadas, feito para dar ordens, um nariz que despertava a zombaria dos asiáticos, um queixo escultural e um olhar muito doce. Um gigante amigo.

Ele me falou da infância, do pai que se escondia com ele embaixo de um pinheiro para assistir ao despertar do rei, o tetraz-grande; do pai que ensinava as promessas do silêncio ao filho; do filho que aprendia o valor das noites sobre a terra gelada; do pai que explicava que a aparição de um animal representava a mais bela recompensa que a vida pode oferecer ao amor à vida; do filho que fazia suas próprias espreitas e descobria sozinho os segredos da organização do mundo, aprendendo a capturar o voo de um noitibó; do pai que descobria as fotografias artísticas do filho. O Munier de quarenta anos, a meu lado, nasceu de uma noite dos Vosges. Tornara-se o maior fotógrafo de animais de seu tempo. Suas impecáveis imagens de lobos, ursos e gruas eram postas à venda em Nova York.

"Tesson, vou levá-lo para ver texugos na floresta", ele me dissera e eu aceitara, porque ninguém recusa o convite de um artista a seu ateliê. Ele não sabia que Tesson significava *texugo* em francês antigo. A palavra ainda era usada no dialeto do oeste da França e da Picardia. "Tesson" havia nascido de uma corruptela do *taxos* latino, de onde vinham as palavras "taxonomia", ciência da classificação dos animais, e "taxidermia", arte de empalhar animais (o homem gosta de matar o que acaba de nomear). Nos mapas do estado-maior francês encontrávamos "tessonnières", locais campestres que carregavam a marca de holocaustos. Pois o texugo era odiado nos campos e irrepreensivelmente destruído. Acusavam-no de escavar o solo, de romper as sebes. Ele era fumigado, perseguido. Mereceria essa obstinação dos homens? Era um ser vivo taciturno, um animal noturno e solitário. Tinha uma vida dissimulada, reinava na escuridão, não suportava visitantes. Ele sabia que a paz precisava ser defendida. Saía de seus esconderijos à noite e voltava ao amanhecer. Como o homem poderia tolerar a existência de um símbolo da discrição, que erigia a distância em virtude e honrava o silêncio? As fichas zoológicas descreviam o texugo como "monogâmico e sedentário". A etimologia me ligava ao animal, mas eu não me identificava com sua natureza.

    A noite caiu, os animais se espalharam pelos campos, ouvimos seu farfalhar. Munier deve ter percebido minha alegria. Aquela noite foi uma das mais belas de minha vida. Conheci um bando de seres vivos absolutamente soberanos. Eles não lutavam para escapar de sua condição. Voltamos à estrada pela margem do rio. Em meu bolso, os charutos estavam amassados.

    – Faz dez anos que estou atrás de um animal que vive nos altiplanos, no Tibete – disse Munier. – Para vê-lo, é necessária uma longa aproximação. Volto para lá no inverno, venha comigo.

    – Que animal?

    – A pantera das neves – ele disse.

    – Pensei que estivesse extinta.

    – É o que ela nos faz acreditar.

Primeira Parte
A APROXIMAÇÃO

O motivo

Como as jovens tirolesas, a pantera das neves faz amor em paisagens brancas. No mês de fevereiro, ela entra no cio. Vestida de peles, vive no gelo. Os machos se enfrentam, as fêmeas se oferecem, os casais se formam. Munier me avisara: se quiséssemos ter uma chance de vê-la, precisaríamos procurá-la em pleno inverno, a quatro ou cinco mil metros de altitude. Eu tentaria compensar os incômodos do frio com as alegrias de sua aparição. Bernadette Soubirous fizera uso da mesma técnica na gruta de Lourdes. A pequena pastora sem dúvida sentira frio nas pernas, mas o espetáculo de uma virgem com halo valera por todos os seus sofrimentos.

"Pantera", o nome tilintava como uma joia. Nada garantia que fôssemos encontrar uma. A espreita é uma aposta: procuramos um animal, sujeitamo-nos a um fracasso. Alguns não se importam e descobrem prazer na espera. Para isso, é preciso ter um espírito filosófico dado à esperança. Infelizmente, eu não era assim. Eu queria ver o animal, ainda que, por correção, não confessasse minha impaciência a Munier.

As panteras das neves eram ilegalmente caçadas por toda parte. Razão a mais para fazer a viagem. Iríamos ao encontro de um animal perseguido.

Munier me mostrara as fotografias de suas viagens anteriores. A pantera conciliava força e graça. Sua pelagem se eletrizava e suas patas se abriam, contrabalançadas pelo rabo imenso. Ela se adaptara a viver em lugares inóspitos e a escalar falésias. Era o espírito da montanha em visita à Terra, uma velha habitante que a raiva humana fizera recuar para as periferias.

Eu a associava a uma pessoa: uma mulher que nunca mais iria comigo a lugar algum. Uma dama da floresta, rainha das águas, amiga dos animais. Eu a havia amado, eu a havia perdido. Por algum motivo infantil e inútil, eu associava a lembrança dessa mulher a um animal inacessível. Síndrome banal: sentimos falta de alguém, o mundo toma forma. Se eu encontrasse o animal, mais tarde diria a ela que a vira num planalto branco num dia de inverno. Era um pensamento mágico. Eu temia parecer ridículo. Por ora, não comentava nada com meus amigos. Mas pensava nisso sem parar.

Era início de fevereiro. Para deixar minha bagagem mais leve, cometi o erro de vestir todo meu equipamento de montanha. Subi no trem do subúrbio parisiense rumo ao aeroporto usando meu casaco ártico e minhas botas do exército chinês modelo "grande marcha". No vagão ocupado por belos cavaleiros fulás da triste figura e por um moldoválquio que atacava Brahms no acordeão, era eu quem atraía todos os olhares, pois minhas roupas destoavam. O exotismo se deslocara.

Decolamos. Definição do progresso (portanto, da tristeza): cobrir em dez horas o que Marco Polo levou quatro anos para percorrer. Muito sociável, Munier fez as apresentações nos ares. Cumprimentei os dois amigos com quem passaria um mês: Marie, a moça de corpo flexível, noiva de Munier, cineasta de animais apaixonada pela vida selvagem e por esportes de velocidade, e Léo, hipermetrope de cabelos desordenados e pensamento profundo, portanto silencioso. Marie havia feito um filme sobre o lobo, outro sobre o lince, animais ameaçados. Ela faria um novo filme sobre seus dois amores: as panteras e Munier. Dois anos antes, Léo interrompera sua tese em filosofia para se tornar assistente de Munier. No Tibete, Munier precisava de ajuda para montar as espreitas, regular os equipamentos e varar longas noites. Sem poder carregar peso devido a uma coluna frágil, sem a menor competência fotográfica ou qualquer noção de rastreio de animais, eu ignorava qual seria meu uso. Cabia-me não atrasar os outros e não espirrar caso a pantera se mostrasse. Ofereciam-me o Tibete numa bandeja. Parti em busca de um animal invisível ao lado do mais belo artista, de uma loba-humana de olhos de coelho e de um filósofo sensato.

– Somos o "grupo dos quatro" – eu disse quando o avião pousou na China.

Ao menos contribuiria com trocadilhos.

O centro

Aterrissamos no extremo oriente do Tibete, na província administrativa de Chingai. A cidade de Yushu erguia seus muros cinzentos a 3.600 metros de altitude. Em 2010, um terremoto a destruíra.
    Em menos de dez anos, a monstruosa energia chinesa havia varrido os escombros e limpado quase tudo. Postes de luz se alinhavam às calçadas, iluminando uma retícula de quadras de um concreto absolutamente liso. Os carros circulavam devagar, em silêncio, nas ruas daquele tabuleiro de xadrez. A cidade-caserna prefigurava o futuro do eterno canteiro de obras mundial.
    Levamos três dias para atravessar o Tibete oriental de carro. Nossa meta era o sul dos montes Kunlun, na orla do planalto Chang Tang, onde Munier conhecia estepes cheias de animais.
    – Seguiremos o eixo Golmud-Lhasa – ele me dissera no avião – até chegar à cidade de Budong Qan, ao longo da ferrovia.
    – E depois?

– Seguiremos para oeste, ao pé dos montes Kunlun, até o "vale dos iaques".

– Esse é o nome do local?

– É como eu o chamo.

Eu tomava notas em meus caderninhos pretos. Munier me fez prometer, caso eu escrevesse um livro, que não revelaria o nome exato dos lugares. Eles tinham seus segredos. Se os revelássemos, caçadores viriam esvaziá-los. Passamos a designá-los com os nomes de uma geografia poética e pessoal, suficientemente inventada para embaralhar as pistas, mas figurativa o bastante para ser exata: "vale dos lobos, lago do Tao, gruta do carneiro selvagem". A partir de então, o Tibete desenharia em mim um mapa de lembranças, menos preciso que o Atlas, recorrendo aos sonhos e preservando o santuário dos animais.

Rodamos para noroeste por estradas cortadas por maciços. Os passos de montanha se sucediam, corcovas peladas por rebanhos, a cinco mil metros de altura. O inverno salpicava raras manchas brancas nas superfícies onde o vento batia com obstinação. A neve suavizava um pouco os afloramentos rochosos.

Os olhos dos animais nos acompanhavam do alto das cristas, sem dúvida, mas dentro de um carro não se contempla outra coisa que não o próprio reflexo no vidro. Não vi nenhum lobo e ventava muito.

O ar cheirava a metal, sua dureza não convidava a nada. Nem ao devaneio, nem ao retorno.

O governo chinês havia realizado seu velho projeto de controlar o Tibete. Pequim não perseguia mais os monges. Para ocupar um lugar, existe um método muito mais eficaz que a coerção: o desenvolvimento humanitário e a organização do território. O Estado central cria conforto, a rebelião se apaga. Quando há levantes, as autoridades se espantam: "Como? Revoltas? Enquanto construímos escolas?". Lênin havia testado esse método, cem anos antes, com sua "eletrificação do país". Pequim adotara a estratégia nos anos 1980. A logorreia da Revolução dera lugar à logística. O objetivo era o mesmo: a conquista do meio.

A estrada atravessava os cursos de água em pontes tinindo de novas. Torres de telefonia coroavam os picos.

O poder central multiplicava os canteiros de obras. Uma linha férrea cortava o velho Tibete de norte a sul. Lhasa, cidade fechada aos estrangeiros até meados do século XX, agora ficava a quatro horas de trem de Pequim. O retrato do presidente chinês Xi Jinping era alardeado em cartazes: "Queridos amigos", os slogans no fundo diziam, "trago o progresso, calem a boca!". Jack London resumira esse estado de coisas em 1902: "Quem alimenta um homem é o seu senhor".

Passamos por aldeias de colonos onde cubos de cimento abrigavam chineses em roupas cáqui e tibetanos em macacões de trabalho, confirmando que a modernidade é a proletarização do passado.

Enquanto isso, os deuses se retiravam, e os animais com eles. Como cruzar com um lince naqueles vales de britadeiras?

O círculo

A ferrovia se aproximava, eu dormitava sob o ar lívido. O Tibete tinha a pele em carne viva. Passávamos por uma geografia de aplainamentos graníticos e placas de terra. Lá fora, um sol de sanatório às vezes levava o termostato acima dos 20°C negativos. Por falta de gosto por casernas, nunca parávamos nas aldeias do front chinês, preferindo os monastérios. No pátio de um templo budista na periferia de Yushu, assistimos a grandes convergências de peregrinos a altares com incensos fumegantes. Placas de ardósia gravadas com o mantra budista se empilhavam: "Saúdo a joia na flor de lótus".

Os tibetanos circulavam aqueles montículos, acionando rodas de orações portáteis. Uma garotinha me ofereceu seu rosário, que acabei desfiando por um mês. Um iaque coberto com uma manta do exército, único ser vivo imóvel, mastigava papelão. Para acumular méritos no ciclo das reencarnações, penitentes artríticos e ornados de escrófulas rastejavam na poeira, as mãos protegidas por placas de madeira. O ar cheirava a morte e urina. Os fiéis rodavam, à espera de que essa vida passasse. Às vezes, um grupo de cavaleiros dos altiplanos, com caras de Kurt Cobain – sobrepeliz de pele, Ray-Ban e chapéu de caubói –, jóqueis do grande carrossel da morbidez, entrava na ronda. Como os gloriosos ciganos, tibetanos adoram sangue, ouro, joias e armas. Aqueles não tinham espingardas nem punhais. Pequim havia proibido o porte de armas, muito antes dos anos 2000. O desarmamento civil tivera efeitos benéficos para os animais selvagens: atirava-se menos nas panteras. Psicologicamente, porém, o efeito revelara-se desastroso, pois um mosqueteiro sem espada é um rei nu.

– Esses giros, essa ronda. Lembram urubus em cima de um cadáver – eu disse.

– O sol e a morte – disse Léo –, a putrefação e a vida, o sangue na neve: o mundo é um moinho.

Em viagens, sempre leve um filósofo consigo.

O iaque

O grande corpo do Tibete estava deitado, doente, no ar rarefeito. No terceiro dia, cruzamos a estrada de ferro, a mais de quatro mil metros de altitude. Os trilhos cortavam a estepe, vindos do norte, paralelos à estrada asfaltada. Eu a percorrera de bicicleta quinze anos antes, rumo a Lhasa, quando as obras da ferrovia começaram. Desde então, operários tibetanos haviam morrido de inanição, e os iaques haviam aprendido a ver os trens passar. Eu lembrava da dificuldade que havia encontrado para vencer os quilômetros daqueles horizontes amplos demais para uma bicicleta. O esforço nunca era recompensado com uma sesta nas pastagens.

Cem quilômetros ao norte, passando Budong Qan, subimos o vale dos iaques, prometido por Munier. A estrada seguia para o poente ao longo de um rio congelado com barrancos arenosos e reflexos acetinados.

Ao norte, o sopé dos montes Kunlun desenhava uma orla. Ao anoitecer, os picos se tornavam avermelhados e se destacavam do céu. De dia, suas geleiras se confundiam. Ao sul, vibrava o horizonte do Chang Tang, inexplorado.

A estrada passava na frente de uma cabana de taipa a 4.200 metros de altitude. Silêncio e luz: um bom negócio imobiliário. Instalamo-nos por alguns dias em tabiques estreitos, promessas de noites rápidas. As janelas abertas na parede davam vista para uma linha de cristas aplainadas pela erosão, neurastenia da paisagem. Ao sul, a dois quilômetros de nosso abrigo, os granitos oxidados de um domo culminavam a cinco mil metros: amanhã, aquelas cristas seriam uma plataforma de observação; naquela noite, criavam um panorama poderoso. Ao norte, o rio unia seus filamentos ao vale glaciário de cinco quilômetros de extensão. Era um desses rios tibetanos cujas águas nunca veriam o mar, pois seriam absorvidas pelas areias do Chang Tang. Ali, até os elementos se curvavam à doutrina budista da extinção.

Por dez dias, todas as manhãs, percorríamos os arredores, atravessávamos as encostas a grandes passos (as pernadas de Munier). Ao acordar, subíamos quatrocentos metros, até as arestas de granito. Chegávamos uma hora antes do nascer do sol. O ar cheirava a pedra fria. Fazia 25ºC negativos: a temperatura não permitia nada, nem movimento, nem palavras, nem melancolia. Aguardávamos o dia com uma esperança entorpecida. Ao alvorecer, uma lâmina amarela levantava a noite e, duas horas depois, o sol espalhava seus raios sobre as camadas de pedras salpicadas de grama. O mundo era uma eternidade congelada. Era como se o relevo nunca mais pudesse se alterar naquelas friagens. Subitamente, porém, o imenso deserto que eu pensava desabitado, revelado pela luz do dia, tingia-se de pequenas manchas escuras: os animais.

Por superstição, eu nunca falava da pantera, ela surgiria quando os deuses – nome refinado para o acaso – julgassem propício. Naquela manhã, Munier tinha outras preocupações. Ele queria se aproximar dos iaques selvagens que avistáramos em rebanhos distantes. Ele venerava esses animais, falava sobre eles aos murmúrios:

– São chamados de *drung*, é por causa deles que volto aqui.

Ele via no touro a alma do mundo, símbolo da fecundidade. Contei-lhe que os gregos antigos os degolavam para oferecer o sangue aos espíritos subterrâneos, a fumaça aos deuses e os melhores pedaços aos príncipes. Os touros eram os intermediários, o sacrifício equivalia a uma invocação. Mas Munier se interessava pelos tempos da era de ouro, anterior aos sacerdotes.

– Os iaques vêm de épocas imemoriais: são os totens da vida selvagem. Eles estavam nas paredes paleolíticas, não mudaram, parecem saídos de uma caverna.

Os iaques salpicavam as encostas com seus grandes tufos de lã preta. Munier fixava-os com seu olhar claro e triste. Num sonho acordado, ele parecia contar os últimos senhores que faziam um desfile de adeus nos cumes.

Aqueles navios desgrenhados, com chifres gigantescos, haviam sido massacrados no século XX pelos colonos chineses. Encontrávamos uma sombra de seus rebanhos na periferia do Chang Tang e ao pé dos Kunlun. Com o despertar econômico da China, eles eram criados pelos serviços governamentais de maneira intensiva. Era preciso alimentar um bilhão e meio de cidadãos, que a uniformização dos padrões de vida planetária não podia privar de carne vermelha.

As agências veterinárias tinham cruzado os iaques selvagens com as espécies domésticas e criado o *datong*, uma espécie de híbrido que conjugava robustez e submissão. Uma raça perfeita para o mundo global: reprodutível, uniforme e dócil, calibrada para as voracidades estatísticas. Os espécimes diminuíam, se reproduziam muito, mas diluíam o gene primitivo. Enquanto isso, alguns sobreviventes da raça perigosa continuavam a passear sua melancolia hirsuta pelos confins do mundo. Os iaques selvagens eram os guardiões de um mito. Às vezes, os criadores do Estado capturavam um espécime para reavivar as gerações domésticas. O destino do *drung* lembrava uma fábula moderna: violência, força, mistério e glória abundavam. O homem das cidades do ocidente tecnológico também se domesticara. Eu poderia descrevê-lo, era seu mais perfeito representante. No calor de meu apartamento, submetido a minhas ambições eletrodomésticas e ocupado em recarregar minhas telas, eu havia renunciado ao furor de viver.

Nunca nevava. O Tibete estendia suas mãos secas sob um céu azul como a morte. Naquela manhã, às cinco horas, estávamos a postos a 4.600 metros, deitados atrás da crista acima da cabana.

– Os iaques virão – disse Munier –, estamos na altitude deles. Cada herbívoro pasta um estrato específico.

A montanha estava imóvel, o ar puro, o horizonte vazio. De onde um rebanho sairia?

Uma raposa se ofereceu ao sol, recortado numa aresta, longe de nós. Estava voltando da caça? Assim que meu olhar se desviou, ela desapareceu. Perdi-a de vista. Primeira lição: os animais surgem sem aviso e somem sem chance de serem reencontrados. Deve-se louvar a visão efêmera que se tem deles, venerá-la como uma oferenda. Lembrei-me das noites de adoração de minha infância nos estabelecimentos dos Irmãos das Escolas Cristãs. Éramos levados a ficar horas a fio com os olhos voltados para o coro, na esperança de que alguma coisa acontecesse. Os padres nos indicavam vagamente o que seria, mas aquela abstração nos parecia menos desejável que uma bola de futebol ou um pequeno bombom.

Sob as abóbadas de minha infância e naquela encosta do Tibete reinava a mesma inquietude, suficientemente difusa para me parecer benigna, mas presente demais para ser leve: quando a espera chegaria o fim? Havia uma diferença entre a nave da igreja e a montanha. De joelhos, esperamos sem provas. A oração se eleva, dirigida a Deus. Responderá ele? Existirá, ao menos? Na espreita, conhecemos aquilo que esperamos. Os animais são deuses manifestos. Nada contesta sua existência. Se algo acontecer, será uma recompensa. Se nada acontecer, iremos embora decididos a recomeçar no dia seguinte. Assim, quando o animal se mostrar, será uma festa. E acolheremos esse companheiro de presença certa e visita incerta. A espreita é uma fé modesta.

O lobo

Por volta do meio-dia, o sol estava em seu auge absoluto: cabeça de alfinete no vazio. Ao pé do vale em U, um cubo esquecido: nossa cabana. De nossa posição, cinquenta metros abaixo das cristas planas, tínhamos uma vista das encostas de cascalho. Munier estava certo, os iaques apareceram subitamente. Eles vieram pelo passo de montanha que fechava o vale, a oeste. Suas manchas de azeviche salpicavam os desmoronamentos a quinhentos metros de nós. Eles se apoiavam na montanha como se a impedissem de cair. Tivemos que avançar até eles, sem barulho, de bloco em bloco, por trás, contra o vento.

Munier e eu estávamos acima do rebanho, a 4.800 metros. De repente, os iaques saíram correndo, voltando num único impulso para a crista da qual tinham surgido. Teriam visto nossas silhuetas bípedes, emblema do terror do mundo? Eles fugiram a trote pelas encostas violáceas, dando a impressão de massas flutuantes, avançando, ou melhor, escorregando como fardos de lã, sem que nossos olhos enxergassem o movimento das patas ocultas sob o pelame. O rebanho parou abaixo do passo.

– Vamos seguir pela crista, conseguiremos alcançá-los – disse Munier.

Desalojamos um galo-das-neves-himalaio e provocamos o lento recuo para o norte de um rebanho de "cabras azuis" – *Pseudois nayaur* – que havia ocupado o fundo do vale sem que o tivéssemos visto chegar. Esses caprinos, que Munier chamava por seu nome tibetano, *bharals*, passeavam seus chifres curvos e suas peles monocromáticas pelas escarpas. Os iaques se sentiram em segurança na altitude a que subiram. Não se moveram mais.

Mais tarde, estávamos deitados a uma centena de metros deles, em plena encosta, entre as rochas. Eu observava o desenho dos liquens nas pedras: flores dentadas, como nas ilustrações dermatológicas dos livros de medicina de minha mãe. Cansado desses detalhes, levantei a cabeça na direção dos iaques. Eles pastavam, também levantavam a cabeça. Num movimento lento, os dois chifres se erguiam para o céu. Um banho de ouro os transformaria em estátuas do palácio de Cnossos. Lobos uivaram, ao longe, na direção do poente, para além do passo de montanha.

– Estão cantando – preferiu dizer Munier –, são no mínimo oito.

Como ele podia saber? Eu ouvia um único e mesmo lamento. Munier soltou um uivo. Depois de dez minutos, um lobo respondeu. Estabeleceu-se então o que guardo como uma das mais belas conversas entre dois seres vivos certos de nunca poder confraternizar. "Por que nos separamos?", perguntava Munier. "O que queres de mim?", respondia o lobo.

Munier cantava. Um lobo respondia. Munier se calava, o lobo continuava. De repente, um deles apareceu no passo mais alto. Munier cantou mais uma vez, e o lobo correu a encosta em nossa direção. Abarrotado de leituras medievais – fábulas da besta de Gévaudan e romances arturianos –, não achei nem um pouco agradável ver um lobo correndo em minha direção. Tranquilizei-me ao olhar para Munier. Ele parecia tão pouco preocupado quanto uma aeromoça da Air France durante uma turbulência.

– Ele vai estacar à nossa frente – ele murmurou logo antes de o lobo parar a cinquenta metros de nós.

Ele seguiu uma tangente, num longo deslocamento, trotando com a cabeça voltada para nós, deixando os iaques inquietos. O rebanho negro afastou-se novamente, incomodado com o lobo, e subiu as encostas. Tragédia da vida em grupo: nunca ter paz. O lobo desapareceu, esquadrinhamos o pequeno vale, os iaques chegaram às cristas, a noite caiu, não voltamos a vê-lo, ele se evaporara.

A beleza

Os dias passavam na cabana. Cozinhávamos e lutávamos contra as correntes de ar tapando buracos. Todas as manhãs, saíamos antes do sol nascer. Era sempre o mesmo sofrimento sair do saco de dormir no escuro e o mesmo prazer começar a caminhar. Quinze minutos de esforço sempre bastam para reanimar um corpo numa câmara fria. O dia nascia, acendendo os picos das montanhas e depois escorrendo pelas encostas para acabar no vale glaciário, imensa avenida que a neve nunca tapava. Quando uma rajada se erguia, o ar se enchia de uma poeira irrespirável. Nas encostas de loess, os rebanhos deixavam suas pegadas pontilhadas. A alta-costura do mundo.

Léo, Marie e eu seguíamos Munier, que seguia os animais. Às vezes, a uma ordem sua, escondíamo-nos atrás da linha de duna e esperávamos os antílopes.

– "Dunas", "antílopes" – dizia Marie –, vocabulário africano.

– Esse país é um Éden. Climatizado.

O sol brilhava mas não esquentava. O céu, campânula de cristal, comprimia o ar amarelado. O frio mordia.

Parávamos de pensar nele quando os animais chegavam. Não víamos sua aproximação, eles surgiam de repente, parados na poeira. Como uma aparição.

Munier me contou da primeira fotografia que havia feito, aos doze anos: um cabrito-montês dos Vosges. "Ó nobreza! Ó beleza simples e verdade", dizia a oração do jovem Ernest Renan nas ruínas de Atenas. Para Munier, esse primeiro encontro foi sua noite na Acrópole.

– Naquele dia, forjei meu destino: ver os animais. Esperar por eles.

Desde então, ele havia passado mais tempo deitado atrás de arbustos do que nos bancos da escola. Seu pai não o forçara a nada. Ele não havia feito o exame de conclusão do ensino médio e ganhara a vida na construção civil, até suas fotografias serem reconhecidas.

Os cientistas o olhavam de cima. Munier contemplava a natureza como um artista. Ele não valia nada para os obcecados pela calculadora, servidores do "reino da quantidade". Eu havia conhecido alguns desses calculadores. Eles colocavam anéis de identificação em colibris e estripavam gaivotas para retirar amostras de bile. Viam a realidade como uma equação. Os números se somavam. Poesia? Nenhuma. Conhecimento que progredia? Não tenho certeza. A ciência mascarava suas limitações com o acúmulo de dados numéricos. A enumeração do mundo pretendia levar ao avanço do conhecimento. Quanta pretensão.

Munier, por sua vez, prestava seu respeito ao esplendor e somente a ele. Ele celebrava a graça do lobo, a elegância do grou, a perfeição do urso. Suas fotos eram arte, não matemática.

— Seus detratores prefeririam criar um modelo da digestão do tigre a ter um Delacroix – eu disse.

Eugène Labiche, no final do século XIX, pressentiu o ridículo das eras científicas: "A estatística, senhora, é uma ciência moderna e positiva. Ela traz à luz os fatos mais obscuros. Assim, recentemente, graças a pesquisas laboriosas, conseguimos conhecer o número exato de viúvas que cruzaram a Pont Neuf ao longo do ano de 1860".*

— O iaque é um senhor, não quero saber se deglutiu doze vezes esta manhã! – respondeu Munier.

Ele parecia alimentar uma eterna melancolia. Nunca elevava seu tom de voz, para não assustar o pardal-das-neves.

---

* Eugène Labiche, *Les vivacités du Capitaine Tic.*

A mediocridade

Mais uma manhã nas escarpas empoeiradas. A sexta. Aquela areia um dia fora uma montanha que os rios haviam moído. As pedras guardavam segredos de 25 milhões de anos, da época em que o mar as cobria. O ar asfixiava todo movimento. O céu tinha a cor de uma bigorna. Uma camada de gelo cobria a areia como um tule. Uma gazela comia neve com pequenos movimentos de pescoço.

De repente, um burro selvagem. O animal parou, à espera. Munier colou o olho no visor. Aquela ginástica lembrava uma caça. Mas nem Munier nem eu tínhamos alma de matadores. Por que atacar um animal mais poderoso e mais bem adaptado do que nós? O caçador mata dois coelhos com uma cajadada. Ele destrói um ser e mata em si mesmo o pesar de não ser tão viril quanto o lobo ou tão livre quanto o antílope. Pam! O tiro sai. "Finalmente", diz a mulher do caçador.

Devemos entender o coitado, é injusto ser tão enfático quando a nosso redor vaga um povo tão subjugado.

O burro não se movia. Se não o tivéssemos visto chegar, teríamos achado que era uma estátua de areia.

Estávamos acima da escarpa do rio congelado, a cinco quilômetros de nossa cabana, e eu falava da carta que havia recebido, havia alguns anos, do senhor de B. – chapéu de pena e fraque de veludo –, presidente da Federação dos Caçadores da França, em resposta a um artigo em que eu criticava os caçadores. Ele me acusava de ser um reles citadino de mocassim com borlas, sem nenhum senso de tragédia, frequentador de praças, apaixonado por chapins, assustado pelo som da culatra. Um frouxo, em suma. Li a carta ao voltar de uma temporada no Afeganistão e pensei comigo mesmo que era uma pena usarmos a palavra *caçador* para designar o homem que estripava um mamute com um golpe de lança e o senhor de queixo duplo que atirava seus chumbinhos num faisão obeso, entre doses de conhaque e queijo. O uso de uma palavra similar para qualificar opostos aumenta os males do mundo.

A vida

Sempre o ponto estéril do sol em seu palácio de gelo. A estranha sensação de voltar o rosto para o astro e não sentir sua carícia. Munier continuava nos guiando pela base das encostas. Nunca nos afastávamos mais de dez quilômetros da cabana. Uma vez, nos dirigimos para as arestas. Outra, para o rio. Essa oscilação era suficiente para que encontrássemos seus habitantes.

O amor pelos animais havia extinguido toda vaidade de Munier. Ele não se interessava muito por si mesmo. Nunca se queixava e, consequentemente, não ousávamos nos declarar cansados. Os herbívoros circulavam, tosquiando as pastagens que ficavam no contato das escarpas com a base da encosta. Na dobra do relevo, onde os declives encontravam a base do vale, nasciam pequenas fontes. Uma fila de burros selvagens passava, passeando sobre pernas que nunca tremiam sua graça frágil e seu manto de marfim. Uma coluna de antílopes deixava um véu atrás de si.

– *Pantholops hodgsonii* – disse Munier, que falava latim na presença dos animais.

O sol transmutava a poeira em fumaça dourada que caía em filetes vermelhos. As pelagens vibravam sob a luz, numa ilusão de vapor. Munier, adorador do sol, sempre dava um jeito de se posicionar à contraluz. Era uma paisagem de deserto mineral alçada aos céus por movimentos magmáticos. Aquele espetáculo era a heráldica da alta Ásia: uma linha de animais ao pé de uma torre na base de uma encosta. Todos os dias, nas superfícies aplainadas, fazíamos um levantamento de nossas visões: aves de rapina, pikas – o cão-da-pradaria tibetano –, raposas e lobos. Uma fauna de gestos delicados adaptada à violência das altitudes.

Naquela elevada esplanada da vida e da morte, desenrolava-se uma tragédia, dificilmente perceptível, perfeitamente regrada: o sol se levantava, os animais se perseguiam, para amar ou devorar. Os herbívoros passavam quinze horas por dia com a cabeça voltada para o chão. Era sua maldição: viver lentamente, pastando uma grama pobre mas disponível. Para os carnívoros, a vida era mais palpitante. Eles caçavam um alimento raro, cuja captura era a promessa de um festim de sangue e a perspectiva de sestas voluptuosas.

Todo aquele mundo morria e os corpos dilacerados pelos abutres salpicavam o platô. Os esqueletos queimados pelos raios ultravioletas logo seriam reincorporados à valsa biológica. Essa havia sido a bela intuição da Grécia antiga: a energia do mundo circulava num ciclo fechado, do céu às pedras, da grama à carne, da carne à terra, sob a autoridade de um sol que oferecia seus fótons às trocas azóticas. O *Bardo Thödol*, o Livro Tibetano dos Mortos, dizia a mesma coisa que Heráclito e os filósofos da flutuação. Tudo passa, tudo corre, tudo flui, os burros galopam, os lobos os perseguem, os abutres planam: ordem, equilíbrio, sol aberto. Um silêncio esmagador. Uma luz sem filtro, poucos homens. Um sonho.

 E nós ficávamos ali, naquele jardim vital, ofuscante e mórbido. Munier avisara: o paraíso a 30°C negativos. A vida se repetia: nascer, correr, morrer, apodrecer, voltar ao jogo com outra forma. Compreendi o desejo dos mongóis de deixar seus mortos se decomporem nas estepes. Se minha mãe tivesse pedido, eu teria gostado de depositar seu corpo numa dobra dos Kunlun. Os abutres a despedaçariam e, por sua vez, seriam dilacerados por outras mandíbulas e se espalhariam por outros corpos – rato, gipaeto, serpente –, fazendo com que um filho órfão pudesse imaginar sua mãe no movimento de uma asa, na ondulação de uma escama, no tremor de uma pelagem.

A presença

Munier compensava minha miopia. Seu olho via tudo, eu não suspeitava de nada. "Fazer o objeto aparecer é mais importante do que fazê-lo significar"*, escreveu Jean Baudrillard a respeito da obra de arte. Para que discorrer sobre os antílopes? Eles haviam aparecido, vibrando ao longe, aproximando-se, firmando seus contornos e, de repente, postaram-se à nossa frente, numa presença frágil que se desvaneceria com qualquer perturbação. Nós os tínhamos visto. Era uma arte.

Marie e Léo, que acompanhavam Munier dos Vosges a Champsaur, estavam mais avançados na identificação do indiscernível. Naquele platô deserto, eles às vezes detectavam o antílope nas rochas claras ou o cão-da-pradaria voltando para a sombra. Ver o invisível: princípio do Tao chinês e desejo do artista. Eu havia percorrido as estepes por 25 anos sem perceber nem dez por cento do que Munier captava. Eu havia cruzado com um lobo em 1997, no sul do Tibete, dado de cara com uma fuinha no telhado da igreja

---

* Jean Baudrillard, prefácio ao catálogo da exposição de Charles Matton no Palais de Tokyo, 1987.

de Saint-Maclou, em Rouen, surpreendido alguns ursos em 2007 e 2010 na taiga siberiana e havia até tido o desprazer de sentir uma tarântula correndo por minha coxa no Nepal, em 1994, mas aqueles tinham sido encontros acidentais sem esforço de minha parte para suscitá-los. Era possível se extenuar explorando o mundo e passar ao largo da vida.

"Circulei bastante, fui observado e não suspeitei de nada": esse era meu novo salmo, e eu o repetia à moda tibetana, murmurando. Ele resumia minha vida. Dali em diante eu saberia que avançamos diante de olhos abertos em rostos invisíveis. Eu era absolvido de minha antiga indiferença pelo duplo exercício da atenção e da paciência. Chamemos isso de amor.

Eu acabava de compreender: o jardim do homem está povoado de presenças. Elas não nos querem mal, mas ficam de olho em nós. Nada do que realizarmos escapará a sua vigilância. Os animais são guardas de rua, o homem brinca de correr atrás de sua bola e se considera o rei do pedaço. Tive uma descoberta. Ela não era desagradável. Eu agora sabia que não estava sozinho.

Séraphine de Senlis foi uma pintora do início do século XX, artista meio maluca, meio genial, levemente kitsch e pouco reconhecida. Em suas telas, ela enchia as árvores de olhos bem abertos.

Hieronymus Bosch, flamengo dos transmundos, intitulou uma gravura de *O campo tem olhos, a floresta tem orelhas*. Ele desenhou globos oculares no chão e duas orelhas humanas na orla de uma floresta. Os artistas sabem: o mundo selvagem nos olha sem que percebamos. Ele desaparece quando o olhar do homem o apreende.

— Ali, à frente, na escarpa, uma raposa, a cem metros! – disse Munier quando atravessávamos o rio de gelo. Demorei a ver o que estava olhando. Eu ignorava que meu olho já havia captado o que minha mente se recusava a conceber. A silhueta do animal surgiu de repente, como se, pigmento por pigmento, detalhe por detalhe, ela se delineasse no meio das pedras, revelando-se a mim.

Eu me consolava de minha incapacidade. Havia um prazer em se saber observado sem suspeitar de nada. Fragmento de Heráclito: "A natureza gosta de se esconder". O que significava esse enigma? A natureza se escondia para escapar à devoração? Ela se escondia porque a força não precisa de manifestação? Nem tudo havia sido criado para o olhar do homem. O infinitamente pequeno escapava a nossa razão, o infinitamente grande a nossa voracidade, os animais selvagens a nossa observação. Os animais reinavam e, como o cardeal Richelieu espionando seu povo, eles nos vigiavam. Eu os sabia vivos circulando no labirinto. E essa boa nova era minha fonte da juventude!

A simplicidade

Certa noite, bebíamos chá preto à entrada de nossa cabana quando Marie avistou uma nuvem, levada em redemoinho até o ponto mais baixo da escarpa. Um rebanho de oito burros selvagens passava ao longo do rio, a quatro quilômetros da cabana, vindo do leste e se aproximando de nós. Munier já pegara o telescópio.

– *Equus kiang* – ele disse quando perguntei o nome científico –, hemíono para os íntimos.

Eles pararam num pasto de gramíneas, ao norte. Naquele dia, não tínhamos visto quase nenhum ser vivo no pequeno vale da cabana. O lobo que uivara na véspera havia semeado o pânico. Os animais não dançam quando o lobo uiva. Eles se escondem.

Deixando o abrigo, nós nos aproximamos dos burros em fila indiana, escondidos por um declive aluvial. Uma águia-real aureolava o rebanho. Chegamos a um cânion aberto na encosta e, no leito seco, cobertos com nossas roupas de camuflagem, as costas curvadas, avançamos. Os burros pastavam nervosamente. Suas peles fulvas, emolduradas por linhas pretas, criavam manchas preciosas:

– Porcelanas em exposição – disse Léo.

Os kiangs, primos dos cavalos, não tinham sofrido a indignidade da domesticação, mas tinham sido massacrados pelo exército chinês para alimentar as tropas em marcha, meio século atrás. Aqueles eram sobreviventes. Distinguíamos seus chanfros abaulados, suas crinas espessas, suas ancas arredondadas. O vento criava uma aguada de poeira atrás deles. Os animais estavam a cem metros, e Munier os tinha na mira. De repente, eles correram para o oeste, como se tivessem levado um choque. Uma pedra havia rolado sob nossos passos. A eletricidade atravessou o platô. As rajadas assobiavam, a luz explodia na poeira levantada pelo galope, a cavalgada provocou uma revoada de pardais-das-neves, uma raposa assustada correu desvairada. Vida, morte, força, fuga: a beleza em curto-circuito.

Munier, triste:

– Meu sonho é poder ser totalmente invisível.

A maioria de meus semelhantes, e eu em primeiro lugar, gostaria do contrário: se mostrar. Nenhuma chance, para nós, de chegar perto de um animal.

Voltamos à cabana sem a precaução de nos esconder. A escuridão chegava e o frio me doía menos nos ossos, pois a noite o tornava mais legítimo. Fechei a porta do abrigo, Léo ligou a estufa a gás, pensei nos animais. Eles se preparavam para as horas de sangue e gelo. Lá fora, começava a noite do caçador. Já se ouviam os gritos de uma coruja de Atena. Eles abriam a cerimônia de evisceração geral. Cada um atrás de sua presa. Os lobos, os linces e as martas preparavam seus ataques, e o festim selvagem duraria até o alvorecer. O sol poria um fim à orgia. Os carnívoros com sorte descansariam, ventre cheio, gozando o resultado da noite. Os herbívoros retomariam suas errâncias para arrancar alguns tufos a serem convertidos em energia de fuga. Eles eram obrigados a se manter com a cabeça abaixada, aparando o pasto, pescoço dobrado sob o peso do determinismo, córtex esmagado contra o osso frontal, incapazes de escapar à programação que os votava ao sacrifício.

Preparamos a sopa no alojamento. O ronco do aquecedor criava uma ilusão de calor. Fazia 10ºC negativos ali dentro. Enumerávamos as visões da semana, relato menos deplorável mas tão interessante quanto a invasão do Curdistão pelos turcos. Afinal, a descida de um lobo até um grupo de iaques e a fuga de oito burros acompanhados por uma águia não eram acontecimentos menos marcantes do que a visita de um presidente americano a seu homólogo coreano. Eu sonhava com uma imprensa diária dedicada aos animais. Em vez de "Ataque mortífero durante o carnaval", os jornais diriam "Cabras azuis nos montes Kunlun". Perderíamos em angústia, ganharíamos em poesia.

Munier sorvia a sopa e inevitavelmente, sob seu gorro chapka, com um ar de metalúrgico bielorrusso, as bochechas emaciadas pelas corridas, perguntava num tom muito mundano: "Um doce para acabar?", antes de abrir uma lata com uma punhalada. Ele dedicava sua vida à veneração dos animais. Marie trilhava o mesmo caminho. Como eles conseguiam voltar ao mundo dos homens, isto é, à desordem?

A ordem

Na manhã seguinte, Léo e eu nos escondemos atrás do declive aluvial que acompanhava o curso do rio, na embocadura de um de seus pequenos afluentes. Era um bom lugar de espreita das passagens. Sombras negras corriam sobre as rochas. Paisagem sepulcral, sol silencioso, luz intensa: só faltavam os animais. Munier e Marie estavam deitados a oeste, protegidos por grandes blocos escuros. Gazelas pastavam a duzentos metros. Elas se moviam com delicadeza, concentradas demais para saber que um lobo se aproximava. Uma caçada teria início e sangue correria na poeira branca.

O que havia acontecido? Por que aquelas caçadas cruéis e aqueles sofrimentos sempre reiniciados? A vida me parecia uma sucessão de ataques, e a paisagem, aparentemente estável, o cenário de assassinatos perpetrados em todos os níveis biológicos, do paramécio à águia-real. Uma das mais mórbidas filosofias de fim do sofrimento, o budismo, se encravara no planalto tibetano no século X. O Tibete era o lugar dos sonhos para aquele tipo de questionamento. Munier estava à espreita e podia permanecer de guarda por oito horas. Sobrava tempo para a metafísica.

Questão preliminar: por que eu sempre via numa paisagem os bastidores do horror? Até em Belle-Île, diante do mar sereno sob o sol, entre veranistas preocupados em esvaziar um vinho givry antes do crepúsculo, eu imaginava a guerra sob a superfície: caranguejos dilacerando presas, lampreias aspirando vítimas, peixes buscando os mais fracos, espinhos, rostros, dentes rasgando carnes. Por que não aproveitar a paisagem sem pensar em crimes?

Em eras inconcebíveis, antes do big bang, uma potência, magnífica e monomorfa, repousava. Seu reino pulsava. Ao redor, o vazio. Os homens rivalizaram para dar um nome a esse sinal. Deus para alguns, contendo-nos em *devir*, na palma de sua mão. Espíritos mais prudentes o chamaram de "Ser". Para outros, a vibração do Om primordial, uma energia-matéria potencial, um ponto matemático, uma força indiferenciada. Marinheiros de cabelos loiros em ilhas de mármore, os gregos chamaram de "caos" essa pulsação. Uma tribo de nômades queimados de sol, os hebreus, o nomeou "verbo", que os gregos traduziram para "sopro". Cada um encontrou um termo para designar a unidade. Cada um afiou seus punhais para matar seus contraditores. Todas essas palavras significavam a mesma coisa: uma singularidade primordial ondulava no espaço-tempo. Uma explosão a liberou. Então, o não expandido se expandiu, o inefável conheceu a enumeração, o imutável se articulou, o indiferenciado tomou rostos múltiplos, o obscuro se iluminou. Houve uma ruptura. Fim da Unicidade!

Na sopa borbulharam os dados bioquímicos. A vida surgiu e se disseminou na conquista da Terra. O tempo enfrentou o espaço. Foi uma complicação. Os seres se ramificaram, se afastaram uns dos outros, cada um garantindo sua perpetuação pela devoração dos outros. A Evolução inventou formas refinadas de predação, reprodução e deslocamento. Perseguir, capturar, matar e reproduzir-se foi o motivo geral. A guerra fora declarada, o mundo era seu palco. O sol já havia incendiado. Ele fecundava a matança de seus próprios fótons e morria doando-se. A vida era o nome dado ao massacre e ao réquiem do sol. Se um Deus realmente estivesse na origem desse carnaval, seria preciso um tribunal da mais alta instância para levá-lo a julgamento. Dotar as criaturas de um sistema nervoso era a suprema invenção da perversidade. Ela consagrava a dor como princípio. Se Deus existisse, ele se chamaria "sofrimento".

Ontem, o homem apareceu, cogumelo de focos múltiplos. Seu córtex lhe conferiu uma capacidade inédita: levar ao mais alto grau a capacidade de destruir o que não fosse ele mesmo, lamentando-se de ser capaz de fazê-lo. À dor somava-se a lucidez. O perfeito horror.

Assim, cada ser vivo era um estilhaço do vitral original. Naquela manhã, no Tibete central, antílopes, gipaetos e grilos em luta pareciam-me facetas do globo de discoteca preso ao teto em expansão. Os animais fotografados por meus amigos constituíam a expressão difratada da separação. Que vontade havia ordenado a invenção daquelas formas monstruosamente sofisticadas, cada vez mais engenhosas e cada vez mais distantes, à medida que os milhões de anos passavam? A espiral, a mandíbula, a pluma e a escama, a ventosa e o polegar opositor eram os tesouros do gabinete de curiosidades da potência genial e desregulada que havia triunfado sobre a unidade e orquestrado a eflorescência.

O lobo se aproximou das gazelas. Elas levantaram a cabeça, num mesmo movimento. Meia hora se passou. Nada se movia. Nem o sol, nem os animais, nem nós mesmos, transformados em estátuas atrás de nossos binóculos. O tempo passava. Fios de sombras eram a única coisa a deslizar lentamente pelas montanhas: nuvens.

Agora, reinavam os seres vivos, propriedades daquilo que havia sido "o Único". A Evolução continuava suas operações. Éramos muitos homens a sonhar com as eras primordiais, onde tudo repousava na vibração inicial.

Como apaziguar a nostalgia do grande arranque? Sempre se podia rezar a Deus. Era uma ocupação agradável, menos cansativa do que a caça ao peixe-espada. Dirigir-se a um atributo unitário que teria precedido o divórcio, ajoelhar-se numa capela e murmurar salmos, pensando: "Deus, por que não vos contentastes com vós mesmos, em vez de vos dedicardes a vossas experiências biológicas?". A oração estava fadada ao fracasso, pois a fonte se complexificara demais e havíamos chegado tarde demais. Novalis o disse com mais sutileza: "Procuramos o absoluto, só encontramos coisas".*

Também podíamos imaginar a energia primitiva pulsando, residual, em cada um de nós. Ou seja, um pouco do vibrato original ecoando em todos. A morte nos reincorporaria ao poema inicial. Sempre que Ernst Jünger tinha um pequeno fóssil pré-cambriano na palma da mão, ele meditava sobre o surgimento da vida (isto é, do infortúnio) e sonhava com as origens: "Um dia, saberemos que nos conhecemos".**

---

* Novalis, *Pólen*.
** Ernst Jünger, *Die Hütte im Weinberg*.

Por fim, restava a técnica de Munier: buscar todos os ecos da partitura original, saudar os lobos, fotografar os grous, reunir a cliques de obturador os texugos da matéria-mãe estilhaçada pela Evolução. Cada animal constituía uma centelha da fonte perdida. Por um instante, nossa tristeza atenuava-se por não palpitar no sono da deusa-medusa.

A espreita era uma oração. Olhando para o animal, fazíamos como os místicos: saudávamos a lembrança primal. A arte também servia para isso: recolar os fragmentos do absoluto. Nos museus, passávamos na frente de quadros, peças do mesmo mosaico.

Expus minhas considerações a Léo, que aproveitou um aumento da temperatura para adormecer. Fazia 15°C negativos, o lobo seguiu caminho, passou sem atacar as gazelas.

Segunda Parte

A ESPLANADA

A evolução dos espaços

No décimo dia, ao alvorecer, deixamos a cabana e seguimos na direção oeste em nossos jipes. O sol branqueava a Terra. "Coração das trevas luminosas", teria dito um adepto do Tao. Nossa meta era o lago Yaniugol, ao pé dos montes Kunlun, a cem quilômetros de nosso abrigo. Munier havia dito: "Iremos ao topo do vale. Veremos iaques". Uma boa ordem do dia.

Levamos um dia para percorrer cem quilômetros de sulcos. As encostas escuras dos picos caíam do céu, alisadas por milhões de invernos. O vale se abria, amplo, protegido pelo piemonte de sua orla norte. Às vezes um cume de seis mil metros sinalizava sua presença. Quem se preocupava com ele? Os animais não o subiam. Não havia alpinismo naquelas paragens. Os deuses tinham se retirado. Ravinas arranhavam as encostas, como se a água se recusasse a descer, isto é, a morrer. Fazia 20°C negativos, o deserto se enchia de linhas de fuga: burros corriam na poeira, gazelas batiam recordes. Os animais nunca se cansavam. As aves de rapina mantinham-se imóveis acima das tocas dos roedores. Águias-reais, falcões-sacre e cabras azuis se entrecruzavam:

bestiário medieval em jardins gelados. Um lobo estava à espreita perto da estrada, num declive aluvial, pouco tranquilo. Era uma afronta ver aqueles animais pulando a cinco mil metros de altitude. Meus pulmões estavam em fogo.

A paisagem dispunha seus estratos como nas telas tibetanas das paredes dos monastérios. Três faixas estruturavam seu esplendor. No céu: gelo eterno. Nas encostas: rochas cheias de bruma. No vale: seres ébrios de velocidade. Depois de dez dias, cruzar com aqueles animais se tornara um hábito. Eu me culpava por estar acostumado àquelas aparições. Eu imaginava Karen Blixen tomando seu café da manhã todos os dias ao pé do Ngong, como se nada fosse, diante de explosões de flamingos rosa. Perguntava-me se ela teria cansado de tanto esplendor. Ela havia escrito *A fazenda africana*, o mais belo livro sobre o paraíso terrestre. A prova de que nunca nos cansamos do indescritível.

O Chang Tang se aproximava, prelúdio de meu encontro amoroso. Eu havia rondado aquele torreão por muitos anos. Entre os vinte e os 35 anos, a pé, de caminhão, de bicicleta, eu havia atravessado suas esplanadas sem nunca penetrá-lo, sem sequer espiar por cima de suas muralhas. Ocupando o coração do Tibete, a uma altitude média de cinco mil metros, esse platô esburacado, do tamanho da França, formava uma transição entre os montes Kunlun, ao norte, e a cordilheira do Himalaia, ao sul. A região escapava ao *ordenamento do território*, nome da devastação do ambiente pela tecnoestrutura. Ninguém povoava o território, alguns nômades o atravessavam. Nenhuma cidade, nenhuma estrada. Lonas de barracas batendo ao vento: a isso se resumia a presença humana. Os geógrafos haviam cartografado aquele deserto das altitudes imprecisamente, reproduzindo em mapas do século XXI os itinerários fugazes dos exploradores do século XIX. Seria bom assinalar a existência desse platô aos espíritos que lamentavam "o fim da aventura". Essas almas mortas gemiam: "Nascemos tarde demais num mundo sem segredos". Por pouco que se procurasse, as zonas de sombra ainda existiam. Bastava abrir as boas portas que levavam às boas escadas de serviço. O Chang Tang oferecia uma saída. Mas que dificuldade chegar até ela!

George B. Schaller, biólogo americano – de reputação mundial e belo rosto de fuzileiro naval americano – atravessou a região nos anos 1980 e estudou a fauna de ursos, antílopes e panteras. Ele alertou os poderes públicos sobre a presença de caçadores ilegais. Armadilhas e caçadas esvaziavam o platô. As autoridades eram cúmplices dos massacres. Ninguém deu ouvidos ao americano. Foi preciso esperar o ano de 1993 para a região ser classificada como reserva natural, e os anos 2000 para a proibição da caça. O livro de Schaller era nosso evangelho, ficava sobre o painel do carro. Intitulava-se *Wildlife of the Tibetan Steppe*, que, segundo o mais letrado de nós, Léo, significava em dialeto global: "Fauna selvagem das estepes tibetanas". Munier havia conhecido Schaller alguns anos antes. O mestre elogiara suas fotografias do lobo-do-ártico. Nosso amigo se sentira sagrado pelo rei.

Para essa viagem, proclamamos Schaller nosso duplo mentor. Além de ter desbravado os mistérios do Chang Tang, ele havia viajado a pé pelo Dolpo nepalês com o escritor Peter Matthiessen. Os dois americanos haviam seguido os bharals azuis e a pantera das neves. Schaller a vira, mas ela havia escapado de Matthiessen, que escrevera um livro labiríntico, *O leopardo das neves*, onde falava de budismo tântrico e evolução das espécies. Matthiessen estava essencialmente preocupado consigo mesmo. Graças a Munier, eu começava a entender que a contemplação dos animais nos coloca diante de nosso reflexo invertido. Os animais encarnam a volúpia, a liberdade, a autonomia: tudo aquilo a que renunciamos.

A cinquenta quilômetros do lago, um novo tipo claridade se abriu no céu: as águas refletiam sua luz. Um rebanho corria para o sul. Abri o evangelho segundo Schaller, reconheci os antílopes. A legenda indicava seu nome tibetano: "chiru".

– *Stop!* – disse Munier, que não precisou das luzes de Schaller.

Deixamos os veículos no meio da pista. A pelagem dos antílopes alegrava a aridez do ambiente com manchas festivas. Brancas e acinzentadas, mais suaves que a caxemira, aquelas pelagens os haviam condenado. Os caçadores vendiam-nas para a indústria têxtil, negócio planetário. A espécie estava ameaçada de extinção apesar dos programas de proteção governamental. A luz aureolava suas espáduas, eu não dispensava uma ideia: um dos sinais da passagem do homem sobre a Terra é sua capacidade de limpar o terreno. O ser humano havia resolvido a questão filosófica da definição de sua própria natureza: ele era um limpador.

Portanto, eu dizia para mim mesmo – com o binóculo enfiado nas órbitas –, a pele daqueles seres que *se aproximam e afastam em corridas fraternas* está destinada a acabar nos ombros de seres humanos cujas capacidades físicas são notoriamente menores. Em outras palavras: Patricinha, incapaz de correr cem metros, não sente vergonha de usar um cachecol de chiru.

    Eu estava deitado no barranco da estrada diante de uma superfície de pedras brancas inclinada para o norte. Marie filmava dois machos na esgrima. Os chifres se chocavam: tinidos de porcelana sobre xícaras de madeira laqueada. Os chirus tinham adagas curvas voltadas para frente. Elas podiam furar um ventre, mas não quebrar um crânio. Os dois mosqueteiros apartaram seus floretes. O vencedor correu na direção de um grupo de fêmeas, sua recompensa. Marie guardou a câmera:

    – Eles lutam, depois correm para as fêmeas: a velha história.

O único e o múltiplo

O lago Yaniugol, monumento do Tao chinês, parecia suspenso em plena estepe, a 4.800 metros de altitude. Ele pousava sua hóstia de jade na areia. Nós o vimos ao crepúsculo, ao fundo do pequeno planalto, encostado nos caninos dos Kunlun, ao norte, a mais de seis mil metros, e margeado ao sul pela muralha do Chang Tang. Atrás dela, o platô secreto.

Chamamos o espelho d'água de "lago do Tao". Peregrinos o visitavam no verão. Eles veneravam a ideia da unidade primordial. Alguns se diziam adeptos do não agir. O Tao era a inclusão da preciosa intuição chinesa no território da fé búdica. A primeira aconselhava a não fazer nada, a segunda a não desejar nada. Mas o que faziam ocidentais como nós naquelas paragens?

Difundido a partir do século VI a.C., o Tao se empoleirara no planalto tibetano. Quem o levara até aqueles confins? O próprio Lao Tse? A tradição representava o Venerável, montado num búfalo, deixando o mundo depois de escrever o *Tao Te Ching*. Eu imaginava seu fantasma ainda percorrendo aquelas terras sob a luz do século XXI.

Nas margens ocidentais do lago, as autoridades chinesas haviam alinhado alojamentos destinados aos discípulos. Não havia vivalma. As chapas de zinco batiam, abandonadas, sob as rajadas de vento. Bandeiras vermelhas ondulavam, uma ave de rapina nadava no céu. O ar estava vazio, a vida em contenção. A luz caía. A água parecia leitosa entre as sombras.

Instalamos nossos sacos de dormir nos casebres que as paredes de metal refrigeravam com eficácia. Às sete da noite, fechamos a porta desconjuntada a chutes de bota. No crepúsculo, gazelas corriam, pikas saltitavam, abutres planavam.

"Tua alma pode abarcar a unidade?", perguntava o décimo capítulo do *Tao Te Ching*. A pergunta era um excelente soporífero. Ela me obcecava desde que começáramos a cruzar com animais. A lembrança se irradiava pelo mundo com uma força primitiva, fragmentada numa miríade de formas sádicas. A fonte se dividira, alguma coisa havia acontecido. Nunca saberíamos o quê. O Tao era o nome do começo ou o nome da multiplicidade? Abri o primeiro canto:

Sem nome, ele representa a origem do universo,
Com um nome ele constitui a mãe de todos os seres.

A origem e os seres. O absoluto e as coisas.

Os místicos procuravam a mãe. Os zoólogos se interessavam pelos descendentes.

Amanhã, fingiríamos ser os segundos.

O instinto e a razão

Um pico anônimo se erguia ao sul. Nós o vimos assim que chegamos ao lago: uma pirâmide pairava acima do maciço, na orla do Chang Tang. Um dia depois de nos instalarmos nas margens do lago, caminhamos em fila pela base da encosta rumo ao cume. Pensávamos alcançar o pico em dois dias. O mapa o situava a 5.200 metros. No topo, a vista deveria abarcar o horizonte, "será nosso camarote", Léo havia dito. Era a única coisa que queríamos: uma sacada sobre a amplidão. Interpretávamos um sainete taoista: subir aos céus para contemplar o vazio. Primeiro, tivemos que atravessar um rio congelado. Nossas botas moeram a porcelana. Na outra margem, teve início a escalada do cascalho.

Munier, Marie e Léo seguiam na frente, esmagados por cargas dignas de xerpas. Os víveres, a barraca, somados ao material fotográfico, faziam o peso das mochilas de meus amigos chegar a 35 quilos. Munier levava quarenta. Além disso, recusava-se a abandonar sua bagagem cultural, o tijolo de Schaller. Eu tinha escrúpulos de não contribuir para o esforço coletivo. Compensava minha vergonha tomando notas e lendo-as a meus companheiros durante as paradas. A tinta congelava, eu registrava frases rápidas: "As encostas se estriam de ranhuras negras que escorrem do tinteiro de Deus, que pousou sua pluma depois de escrever o mundo". Juro que não era uma imagem excessiva, pois os cones detríticos de cinco mil metros de altura pareciam tinteiros colocados sobre uma mesa, e uma pátina de azeviche salpicava seus flancos. Bem ao longe, iaques em suspensão representavam a pontuação.

Desmoronamentos revestiam de bronze as encostas sombrias. A pátina refletia a luz que respirávamos. Avançávamos cegados pelo frio e lavados pelo vento. Meus camaradas sentavam em socalcos para respirar. Os cânions abriam corredores escuros. Eles invocavam três raças: contempladores, prospectores, caçadores. Éramos da primeira. Cada vale nos atraía, mas não nos desviávamos de nosso objetivo. À noite, instalamos as barracas, a 4.800 metros, ao fundo de um pequeno vale seco e, antes da noite, chegamos a uma ponta, duzentos metros acima, topo de um vale glaciário. Às seis horas, um iaque apareceu na crista oposta, a um quilômetro. Depois um segundo e um terceiro, até vinte, surgidos sob o lusco-fusco. Suas massas desenhavam as ameias de um castelo.

Eram totens enviados através dos tempos. Pesados, potentes, silenciosos, imóveis: tão pouco modernos! Eles não tinham evoluído, não houvera cruzamentos. Os mesmos instintos os guiavam há milhões de anos, os mesmos genes codificavam seus desejos. Eles se erigiam contra o vento, contra o declive, contra a mistura, contra toda evolução. Mantinham-se puros, porque estáveis. Eram os veículos do tempo parado. A pré-história chorava e cada uma de suas lágrimas era um iaque. Suas sombras diziam: "Somos da natureza, não variamos, somos daqui e de todo o sempre. Vocês são da cultura, plásticos e instáveis, inovam sem parar, para onde se dirigem?".

Termômetro a 20ºC negativos. Nós, os homens, estávamos condenados a apenas passar por aqueles lugares. A maior parte da superfície terrestre não estava disponível a nossa raça. Pouco adaptados, especializados em nada, nosso córtex era uma arma fatal. Ela nos autorizava a tudo. Podíamos dobrar o mundo à nossa inteligência e viver no ambiente de nossa escolha. Nossa razão compensava nossa debilidade. Nossa infelicidade residia na dificuldade de escolher onde viver.

Como decidir diante de nossas tendências contrárias? Não éramos seres "privados de instintos", como professavam os filósofos culturalistas, pelo contrário, éramos obstruídos por instintos excessivos, contraditórios. O homem sofria sua indeterminação genética: o preço a pagar era a indecisão. Nossos genes não nos impunham nada, restava-nos escolher entre todas as possibilidades oferecidas à nossa vontade. Que vertigem! Que maldição poder tudo abraçar! O homem morria de vontade de fazer o que mais temia, aspirava transgredir o que construía, sonhava com aventuras depois de voltar para casa, mas chorava por Penélope assim que navegava. Capaz de todos os embarques possíveis, condenava-se a nunca estar satisfeito. Sonhava com o "ao mesmo tempo". Mas o "ao mesmo tempo" não é biologicamente possível, nem psicologicamente desejável, nem politicamente sustentável.

Algumas noites, devaneando num terraço parisiense do quinto *arrondissement*, eu me imaginava na paz de uma choupana na Provença, mas logo dispensava minha visão para imaginar uma trilha de aventuras. Incapaz de fixar-me uma única direção, hesitando entre a pausa e o movimento, submetido à oscilação, eu invejava os iaques, monstros presos ao determinismo, e por isso mesmo dotados do contentamento de ser o que eram, onde quer que pudessem sobreviver.

Os gênios da humanidade eram homens que haviam escolhido uma via única, sem desvios. Hector Berlioz via na "ideia fixa" a condição do gênio. Ele submetia a qualidade de uma obra à unidade do motivo. Para passar à posteridade, melhor não se dispersar.

O animal se acantonava, por necessidade, ao meio onde o acaso o colocava. A codificação o predispunha a sobreviver em seu biótopo, por mais hostil que ele fosse. E essa adaptação o tornava soberano. Soberano porque desprovido de vontade de estar em outro lugar. Animal, uma ideia fixa.

A temperatura caía, tivemos que partir. Deixamos os iaques. Eles ruminavam, não se moveriam. Éramos os mestres do mundo, mas mestres frágeis e atormentados. Éramos Hamlet vagando pelas muralhas.

Chegamos ao acampamento, entramos nos sacos de dormir. Antes de fechar o zíper das barracas, Munier nos fez uma recomendação:

– Não usem os protetores de ouvido, os lobos talvez cantem.

Era para ouvir frases como essa que eu viajava.

A lua se levantou e não pôde fazer nada por nós, fazia 30ºC negativos dentro da lona. Os sonhos congelavam.

A Terra e a carne

Às quatro horas da manhã, o despertar. O termômetro marcava 35ºC negativos. Havia algo de estúpido em sair do saco de dormir.

Para não sofrer com o frio em tais condições, era preciso organizar-se. Cada gesto devia responder a um solfejo: encontrar a luva, amarrar o sapato dentro do saco de dormir, guardar cada objeto na ordem certa, tirar a luva para prender uma cinta, recolocá-la rapidamente. Se demorássemos um pouco, o frio agarrava um membro e só o soltava para morder um outro. O frio rondava dentro do organismo. Com o passar dos anos, o corpo não se acostuma. Mas treinando gestos precisos, reduzimos o sofrimento. Munier havia dobrado tantas vezes sua barraca, nos invernos de Ellesmere e Kamtchatka, que trabalhava rápido e parecia não sofrer os ataques do frio. Léo agia com gestos precisos. Ele ficou pronto antes de mim, saco de dormir fechado e roupa ajustada. Marie e eu, mais atrapalhados, sentimos a dor de despertar numa câmara fria e ficamos felizes de voltar a caminhar. O *Tao* dizia que "o movimento triunfa sobre o frio". Eram os mesmos termos do primeiro princípio da termodinâmica. Naquela manhã, conforme as indicações do pensamento chinês e da física térmica, entregamo-nos de bom grado ao esforço.

Subimos a 5.200 metros por amplas cristas. Seguíamos lentamente porque mal aclimatados. O pequeno cume era uma plataforma de pedras planas rachadas pelo gelo. O dia nasceu e, lá no alto, a vista finalmente se abriu sobre o platô do Chang Tang. Era uma mesa de mil quilômetros, vibrando de poeira, riscada de pântanos brancos. A bruma se acumulava no horizonte. Naquele vazio estava a vida, dissimulada.

Eu imaginava longas travessias de leste a oeste. Há lugares cujo nome faz sonhar, e o Chang Tang preenchia para mim essa função. Às vezes, nomes mágicos se tornam títulos de quadros ou poemas. Victor Segalen sonhou com o *Thibet* que ele nunca conheceu e que grafava assim, com um "h". Ele o via como um abismo para a purificação do espírito. Depois *Thibet* se tornou o título de um de seus livros, declaração de amor às pátrias inacessíveis. Ele expressava o *Fernweh* germânico, nostalgia dos confins que nunca veremos. O Chang Tang a meus pés oferecia seu vazio às aventuras futuras: era um reino a conquistar, uma terra a percorrer a cavalo, em fila, com um estandarte. Um dia, atravessaríamos sua face ressecada. Eu estava feliz de ver o platô do alto. Marquei um encontro preciso com aquilo que nunca conheceria.

Ficamos duas horas no cume e não vimos nenhum animal, nem mesmo alguma ave de rapina. Uma incisão no terreno indicava que os chineses haviam passado pela região com suas escavadeiras. Prospectores de minérios?

— A região foi esvaziada – disse Munier –, como a minha, nos Vosges. Muito jovem, nos anos 60, meu pai alertava seus concidadãos. Ele pressentia os desastres. Rachel Carson havia escrito *Silent Spring,* para denunciar o uso de pesticidas. Na época, poucos percebiam a ameaça. René Dumont, Konrad Lorenz, Robert Hainard: eles pregavam no vazio. Meu pai se atormentava, era considerado um esquerdista, e acabou adoecendo: câncer de tristeza.

— Ele sofreu a Terra na própria carne – eu disse.
— Por assim dizer – respondeu Munier.

Voltamos para o centro do mundo, nosso lago, em um turno. A noite caía, sentamo-nos em sua margem depois de oito horas de caminhada. O silêncio zumbia. Os Kunlun, já escuros, montavam guarda amigavelmente. O platô estava vazio. Nenhum ruído, nenhum movimento, nenhum perfume. Era o grande sono. O Tao repousava, lago sem ondulações. De sua placidez, nascia o ensinamento:

> *Diante da agitação fervilhante dos seres, contempla apenas seu retorno.*
> *Os diversos seres do mundo retornarão a suas raízes.*
> *Retornar às raízes é instalar-se na quietude.*

Eu adorava esse hermetismo narcótico. O *Tao*, como a fumaça do havana, desenha suaves enigmas. Não somos obrigados a compreender muita coisa, mas o entorpecimento é tão voluptuoso quanto a leitura de Santo Agostinho.

O monoteísmo não poderia ter nascido no Tibete. A ideia de um Deus único foi forjada no Crescente Fértil.

Povos de criadores e agricultores organizavam suas massas. Na beira dos rios surgiam cidades. Contentar-se com degolar touros para a deusa-mãe se tornava insuficiente. Foi preciso reger a vida coletiva, celebrar as colheitas e recolher as ovelhas. Criou-se uma representação do mundo onde os rebanhos foram glorificados. Inventou-se um pensamento universal. O Tao, por sua vez, era uma doutrina para solitários, vagando pelo platô. Uma fé de lobo.
– Leia um pouco mais do *Tao*! – pediu Léo.
– *Todos os seres vieram do Ser.*

Nenhum antílope em grande velocidade veio contradizer o poema.

Terceira Parte
A APARIÇÃO

Agora, a deusa. Munier queria chegar a Zadoi, no extremo leste do Tibete, no alto vale do Mekong. Dali chegaríamos aos maciços onde as panteras sobreviventes se escondiam.
– Sobreviventes de quê? – perguntei.
– Da propagação do homem – disse Marie.
Definição do homem: criatura mais próspera da história do mundo vivo. Enquanto espécie, nada o ameaça: ele desbrava, constrói, se dissemina. Depois de se espalhar, ele se empilha. Suas cidades sobem aos céus. "Habitar o mundo enquanto poeta", escreveu um poeta alemão do século XIX.* Um belo projeto, um desejo ingênuo. Que não se realizou. Em suas voltas, o homem do século XXI habita o mundo como coproprietário. Ele venceu a partida, pensa no futuro, está de olho no próximo planeta que possa absorver seus excessos. Em pouco tempo, os "espaços infinitos" se tornarão seu escoadouro. Há alguns milênios, o Deus do Gênese (cujas palavras foram recolhidas antes que ele emudecesse) foi preciso: "Frutificai e multiplicai-vos, e enchei

---

* "...*poeticamente sempre/Sobre a Terra habita o homem.*" Hölderlin, *in* "In lieblicher Bläue".

a Terra e sujeitai-a" (1:28). Podíamos sensatamente dizer (sem ofender os clérigos) que o programa fora cumprido, a Terra, "sujeitada", e que era chegada a hora de deixar a matriz uterina descansar. Éramos oito bilhões de homens. Restavam alguns milhares de panteras. A humanidade não disputava uma partida equitativa.

Apenas os animais

No ano anterior, Munier e Léo haviam passado uma temporada na margem direita do rio, observando animais perto de um monastério budista. O simples nome do Mekong justificava a viagem. Os nomes ressoam e nós seguimos até eles, imantados. Como Samarcanda e Ulan Bator. Para outros, Balbeque bastava. Alguns estremeciam mesmo ao nome Las Vegas!
– Você gosta dos nomes dos lugares? – perguntei a Munier.
– Prefiro os dos animais – ele disse.
– Seu preferido?
– O falcão, meu animal totem. E o seu?
– Baikal, meu monumento.
Voltamos para os jipes e por dois dias atravessamos a base das encostas pelas quais tínhamos vindo, "por declives aluviais do Holoceno", teria dito meu professor de geomorfologia da Universidade de Nanterre-Paris X. O frio era rascante. O véu levantado por nossos veículos era uma poeira de rocha, moída pelas geleiras e sedimentada há milhões de anos. Na geografia, ninguém fazia faxina.

Respirávamos escórias, o céu cheirava a sílex. Marie filmava o sol atrás das nuvens levantadas pelos rebanhos. Ela sorria contemplando o vazio. Léo consertava os aparelhos gastos pelo uso, ele adorava sistemas em boas condições. Munier murmurava nomes de animais.

A estrada para Zadoi estava em ruínas e nós seguíamos a passo. Recobrimentos de granito protegiam simbolicamente os platôs. A pista subia uma colina entre dois montes de neve suja: parabenizávamo-nos por passar um passo de montanha. Seguiam-se horas de zigue-zagues. A terra cheirava a água fria. Região sem neve, branca de poeira. Por que eu sentia uma espécie de amizade por aquelas paisagens privadas de nuanças, por aqueles relevos cortantes e aqueles climas brutais? Nasci na bacia parisiense, meus pais me familiarizaram ao clima de Touquet. Na Picardia, sob um céu cinza, conheci a aldeia natal de meu pai. Aprendi a amar Courbet, a suavidade da Thiérache e da Normandia. Eu estava mais próximo de Bouvard e Pécuchet do que de Gengis Khan, mas sentia-me em casa naquelas encostas. Em plena estepe da Ásia Central, que visitei várias vezes – Turquestão russo, Pamir afegão, Mongólia e Tibete –, eu tinha a sensação de abrir minhas portas. Assim que os ventos se erguiam, eu me sentia em casa. Duas explicações: ou fui um cavaleiro mongol numa vida passada, e essa hipótese metapsíquica era confirmada pelos olhos amendoados de minha mãe, ou aqueles achatamentos geográficos refletiam meu estado de espírito. Neurastênico, eu precisava das estepes. Talvez houvesse nisso alguma teoria geopsicológica. Os homens deveriam seu gosto geográfico a seus humores. Os espíritos leves gostariam de campos floridos; os corações aventureiros, de falésias de mármore; as almas sombrias, dos bosques de Brenne, e os seres mais grosseiros, de paredes graníticas.

Pouco antes de tocarmos o asfalto do eixo Golmud--Lhasa, um lobo apareceu. Ele trotava ao longo da escarpa, pescoço projetado. Virou a cabeça sem diminuir a velocidade, para ter certeza de que não fazíamos um movimento em sua direção, e dobrou em ângulo reto. Atravessou a estrada na direção norte, rumo aos contrafortes. No mesmo instante, uma centena de burros selvagens desembestou a correr. Um balé em câmera lenta num cenário gigantesco. Cada movimento seguia uma coreografia: o lobo trotava, os burros corriam e passavam a cinquenta metros de um grupo de antílopes chirus e de um rebanho de gazelas pro-capra imobilizado entre os fenos-das-areias. Os rebanhos se tocavam mas não misturavam, e os burros passaram sem incomodar ninguém. Entre os animais, há vizinhança, suporte, mas não amizade. Não misturar as coisas: boa solução para a vida em grupo.

O lobo contornou o rebanho por trás e se afastou a uma boa distância. Os lobos podem correr oitenta quilômetros de uma só vez. Aquele parecia saber para onde ir. Os burros o haviam visto. Alguns o vigiavam, virando o pescoço. Nenhum parecia em pânico. No mundo da fatalidade, presas e predadores se cruzam e se conhecem. Os herbívoros sabem que um deles um dia cairá e que esse é o preço a pagar para pastar ao sol. Munier me deu uma explicação menos imprecisa:

– Os lobos caçam em matilha com uma estratégia de ataque e exaustão das presas. Mas um lobo isolado diante de um rebanho não pode causar grande mal.

Estávamos perto do alto Mekong. Naquela altitude, o rio era uma pequena serpentina. Uma manhã, num pequeno vale amarelo empoleirado na mesma altitude do Mont Blanc, perto de uma fazenda cheia de bandeiras rituais, surpreendemos três lobos na encosta, três delinquentes depois da infração. Eles subiam na direção da crista, o último abocanhando um quarto de carne. Os cães latiam a não mais poder, sem ousar se lançar no encalço dos lobos. Os cães, como os homens: raiva nos lábios, medo nas entranhas.

Os proprietários se mantinham à porta da fazenda e acompanhavam a cena, braços caídos: "O que fazer, quem é o culpado?", eles pareciam dizer. Os três lobos seguiam em frente, orgulhosos, soberanos, impunes, irrefutáveis, como o sol. Eles pararam na crista e o mais jovem devorou a peça de carne enquanto os dois adultos vigiavam, patas dianteiras esticadas, costelas salientes. Subimos na direção deles, escondidos por uma encosta. O tempo de chegar ao alto e eles tinham desaparecido. Uma coruja voava, uma raposa roncava, gazelas pastavam. Dos lobos, nem sinal.

– Eles se retiraram, mas não estão longe – murmurou Munier.

Era uma boa definição da natureza selvagem: aquilo que continua presente, mesmo quando não o vemos mais. Restava-nos a lembrança dos três *desperados*, correndo na aurora sob o latido dos cães e desaparecendo rumo a outras incursões. Quinze minutos antes, os lobos cantavam, respondendo a um chamado do norte.

– Estão indo ao encontro de uma matilha. Eles têm pontos de encontro – disse Munier. – Ver um lobo mexe comigo.

– Por quê?

– Um eco dos tempos selvagens. Nasci numa França superpovoada onde a força se esgota e o espaço se reduz. Na França, um lobo mata uma ovelha e os criadores protestam. Cartazes são brandidos: "Fora lobo!".

Lobos!, não fiquem na França, país que valoriza demais a administração dos rebanhos. Um povo que ama manifestações e banquetes não pode suportar um líder noturno vagando em liberdade.

Os fazendeiros voltavam para sua fazenda distribuindo pontapés aos cães. Na Terra, a gazela corre, o lobo ronda, o iaque avança, o abutre medita, o antílope foge, o pika toma sol e o cão paga por todos.

O amor nas encostas

A estrada havia chegado a um afluente sinuoso no planalto rochoso, a cerca de cinco mil metros. Torreões de calcário eriçavam as bordas do pequeno vale. Grutas salpicavam a muralha defensiva e desenhavam lágrimas negras no paredão.

– Um reino para as panteras – disse Munier.

A cabana onde ele queria instalar nosso acampamento de base ainda ficava a cem quilômetros.

Um gato-de-pallas, *Otocolobus manul*, apareceu num pico acima da pista, cabeça hirsuta, caninos-seringas e olhos amarelos tingindo com um brilho demoníaco sua doçura de pelúcia. O pequeno felino vivia ameaçado por todos os predadores. Ele parecia ter raiva da Evolução por ter-lhe dado tanta agressividade num corpo tão encantador. "Tente me acariciar e pulo em sua garganta", dizia sua careta. Acima dele, uma cabra azul estava parada numa aresta, a espiral de seus chifres acompanhava as saliências da rocha. Os animais vigiam o mundo, como as gárgulas que controlam a cidade do alto dos campanários. Ignorantes, passamos abaixo deles. O dia inteiro foi a mesma ginástica. Quando avistávamos um animal, saíamos dos veículos, rastejávamos, preparávamos as câmeras. Assim que nos aprontávamos, todos haviam desaparecido.

Eu não ousava expor minhas conclusões a Léo, mas era visível: Munier e Marie se amavam. Em silêncio, sem arrebatamentos. Ele, grande e escultural, tinha a chave de leitura do mundo e respeitava o mistério daquela mulher elástica que não se entregava. Ela, suntuosamente impermeável, muda, admirava o homem que conhecia segredos mas não penetrava os seus. Eram dois jovens deuses gregos na pele de belos animais superiores. Eu ficava feliz de vê-los juntos, mesmo a 20ºC negativos e deitados num arbusto espinhoso.

– Amar é permanecer imóvel ao lado do parceiro por horas a fio – eu disse.

– Fomos feitos para a espreita – confirmou Marie.

Naquela manhã, ela filmou o gato-de-pallas e Munier esquadrinhou as dobras para determinar qual cão-da-pradaria morreria na arena.

Munier, cansado da afronta dos homens à natureza, ainda nutria algum afeto por seus semelhantes. Ele destinava seus sentimentos a beneficiários específicos e formalmente identificáveis. Eu admirava esse uso definido do amor. Um uso honesto.

Munier, ainda que muito caridoso, não se dizia humanista. Ele preferia o animal na lente de seu binóculo ao homem em seu espelho, e não colocava o ser humano no topo da pirâmide do mundo vivo. Ele sabia que nossa raça, chegada recentemente à casa terrestre, afirmava-se sua regente e garantia a própria glória através da eliminação integral de tudo que não era ela.

Meu camarada não dedicava seu amor a uma ideia abstrata de homem, mas a destinatários reais: ali, os animais e Marie. A carne, os ossos, os pelos, a pele: antes dos sentimentos, ele precisava de algo sob a mão.

O amor na floresta

Eu também havia amado alguém. O amor havia feito seu trabalho: todo o resto havia desaparecido. Era uma mulher discreta e clara que vivia na floresta de Landes. Fazíamos caminhadas pelas alamedas, ao anoitecer. Os pinheiros plantados 150 anos antes haviam colonizado o pântano e prosperado atrás das dunas, espalhando um perfume acre e quente: o suor do mundo. As estradas eram fitas emborrachadas sobre as quais avançávamos com maciez. "É preciso viver a passos de sioux", ela dizia. Surpreendíamos animais, um pássaro, uma corça. Uma serpente fugia. Os homens da Antiguidade – *músculos de mármore e olhos brancos* – viam nessas aparições de animais a manifestação de um deus.

"Ele está ferido e não pode fugir, ele o avistou, ele vai morrer." Ouvi frases como essas por meses. Naquela noite, uma aranha errante – "uma *lycosa*", ela disse – havia localizado um coleóptero serra-pau atrás de uma folha de samambaia. "Depois de injetar sua dose letal, ela o devorará." Como Munier, ela sabia essas coisas. Quem lhe havia inoculado aquelas intuições? Era um conhecimento de *épocas* antigas. A inteligência da natureza fecunda alguns seres sem que eles precisem estudar. Eles são videntes, desvendam os enigmas da disposição das coisas enquanto os cientistas estudam uma única peça do edifício.

Ela lia os arbustos. Ela compreendia os pássaros, os insetos. Quando os fenos-das-areias se abriam, ela dizia: "A oração da flor a seu deus sol". Ela salvava formigas carregadas por um fio de água, caracóis presos nos espinhos, pássaros de asa quebrada. Diante de um escaravelho, ela dizia: "É uma peça de brasão, ele merece nossa veneração, faz parte do jogo". Um dia, em Paris, na esplanada da igreja Saint-Séverin, um pássaro pousou em sua cabeça e me perguntei se eu era digno de uma mulher que os pássaros viam como um poleiro. Ela era uma sacerdotisa, eu a seguia.

Vivemos nas florestas da noite. Sua criação de cavalos ocupava uma dezena de hectares dos bosques de Landes, a oeste de uma estrada cujos sulcos lhe pareciam a melhor garantia de uma vida dissimulada. Ela havia mobiliado uma cabana de madeira atrás da orla. Um lago constituía o eixo da propriedade, onde os patos-reais descansavam e os cavalos matavam a sede. Ao redor, uma grama dura rasgava a areia que os animais pisavam. O conforto da cabana: uma estufa, livros, uma espingarda Remington 700, o suficiente para preparar o café, um alpendre onde bebê-lo e uma selaria com cheiro de seiva. Um pastor-de-beauce guardava aquele reino, atento, a postos como um cão de pistola Beretta 92 e gentil com o que se mostrasse educado. Ele teria acabado com o primeiro inoportuno. Escapei.

Às vezes, sentávamos nas dunas. O oceano pulsava sua raiva e as ondas desabavam, incansáveis. "Deve haver uma antiga rusga entre o mar e a terra." Eu dizia coisas assim, que ela não ouvia.

Com o nariz em seus cabelos com cheiro de madeira, eu a deixava desenvolver suas teorias. O homem surgira há alguns milhões de anos na Terra. Ele havia chegado sem ser convidado, com a mesa já posta, as florestas exuberantes e os animais errantes. A revolução neolítica, como toda revolução, havia soado o Terror. O homem se autoproclamara líder do politburo dos seres vivos, ele se propulsionara ao topo da escala e imaginara um monte de dogmas para legitimar sua dominação. Todos defendiam a mesma causa: sua própria pessoa. "O homem é a ressaca de Deus!", eu dizia. Ela não gostava dessas máximas. Ela me acusava de lançar petardos inúteis.

Ela me iniciara na ideia que eu havia exposto a Léo nas dunas tibetanas. Os animais, as plantas, os seres unicelulares e o neocórtex são fractais do mesmo poema. Ela me falava da sopa primordial: há quatro bilhões e meio de anos, uma matéria primordial era batida nas águas. O Todo era anterior às partes. Do caldo saíra alguma coisa. Uma separação se produzira, depois uma bifurcação das formas e uma complexificação de cada uma. Ela venerava todos os animais como um estilhaço do espelho. Ela juntava um dente de raposa, uma pluma de garça, uma concha de sépia e murmurava contemplando seus achados: "Viemos do Mesmo".

De joelhos na duna, ela dizia: "Ela vai encontrar seu grupo, foi atraída pelo aroma do *orpin*, as outras seguem para o mais fácil". Era uma formiga que voltava para sua procissão depois de um desvio até um botão amarelo. De onde vinha sua infinita ternura pela minúcia dos animais? "Da vontade que eles têm de fazer direito", ela dizia, "da precisão que demonstram. Nós não somos sérios."

    No verão, o céu clareava. O vento desordenava as ondas, uma nuvem subia dos redemoinhos. O ar ficava quente, o mar furioso, a areia macia. Na praia, corpos humanos se deitavam. O povo francês havia engordado. Culpa das telas? Desde os anos 60 as sociedades viviam sentadas. Depois da mutação cibernética, as imagens desfilavam diante de corpos imóveis.

    Um avião passava no céu com uma bandeirola de propaganda para um site de encontros adúlteros. "Imagine o piloto sobrevoando a praia e vendo sua mulher deitada com um homem conhecido no site", eu dizia.

    Ela olhava para as gaivotas que surfavam ao vento seguindo o *swell**, sob o sol.

    Voltávamos para a cabana pelos caminhos macios. Seus cabelos agora cheiravam a círios. Para ela, as árvores sussurravam um farfalhar cheio de significados. As folhas eram um alfabeto. "Os pássaros não vocalizam para a glória vã", ela dizia. "Eles cantam hinos patrióticos ou serenatas: estou em casa, eu te amo." Chegávamos à cabana e ela abria um vinho do Loire, de areia e de bruma. Eu bebia à morte, o veneno vermelho me inchava as veias. A noite subia em mim. Uma coruja gritava. "Conheço-a, é coruja a do bairro, o gênio da noite, o general em chefe das árvores mortas." Aquela era uma de suas obsessões: refazer uma classificação dos seres vivos, não mais segundo o método estrutural dos

---

* Ondulação gerada por tempestade marítima que, ao se aproximar da costa, origina uma onda. (N.E.)

parentescos de Lineu, mas segundo uma ordem transversal que reuniria as disposições dos animais e das plantas ao mesmo tempo. Havia, assim, um gênio da voracidade – compartilhado pelo tubarão e pela planta carnívora –, o gênio do impulso – apanágio da aranha saltadora e do canguru –, o gênio da longevidade – brasão da tartaruga e da sequoia –, o da dissimulação – encarnado pelo camaleão e pelo bicho-pau. Pouco importava que esses seres vivos não pertencessem ao mesmo filo biológico, desde que fossem dotados dos mesmos talentos. Assim, ela concluía que um cuco e uma fascíola, por sua ciência da oportunidade e pelo fino conhecimento de suas vítimas, são mais parecidos entre si do que com outros membros de sua própria família. O mundo vivo exibia diante dela a panóplia das estratégias de guerra, de amor e de movimento.

Ela se levantava para levar os cavalos ao abrigo. Era uma visão pré-rafaelita: uma mulher lenta, dura, clara e precisa, caminhando sob a lua, seguida por seu gato, um ganso, cavalos sem cabresto e um cão. Faltava uma pantera sob as constelações. Todos deslizavam, a cabeça erguida, sem alarde nem barulho, sem se tocarem, perfeitamente alinhados e perfeitamente distantes, seguros de sua direção. Uma tropa ordenada. Os animais se punham em movimento como molas, a um leve estremecer de sua dona. Ela era uma irmã de São Francisco de Assis. Se tivesse acreditado em Deus, teria entrado para uma ordem de pobreza e de morte, um comunismo místico e noturno para se dirigir a Deus sem os intermediários clericais. Sua relação com os animais, aliás, era uma oração.

Perdi-a. Ela não quis saber de mim porque eu me recusava a me entregar de corpo e alma ao amor pela natureza. Teríamos vivido numa propriedade, numa floresta profunda, numa cabana ou numa ruína, entregues à contemplação dos animais. O sonho se desvaneceu e eu a vi afastar-se mais suavemente do que havia chegado, seguida por seus animais na floresta noturna. Retomei meu caminho, multiplicando as viagens, pulando do avião para pegar o trem, ganindo de conferência em conferência (e com voz afetada) que o homem teria todo o interesse em parar de se agitar. Eu corria o mundo e, a cada vez que cruzava com um animal, era seu rosto pálido que via. Eu a seguia por toda parte. Quando Munier me falou da pantera das neves, às margens do Mosela, ele não sabia que me convidava a reencontrá-la.

Se eu cruzasse com a fera, meu único amor apareceria, incorporado à pantera. Eu ofereceria cada um de meus encontros à sua lembrança perdida.

Um gato num desfiladeiro

Zadoi passou e a estrada atravessou uma garganta a 4.600 metros de altitude. Estávamos no acampamento de Bapo, na margem esquerda do Mekong, a quinhentos metros das águas. Mais tarde, chamaríamos o lugar de "cânion das panteras". Três cabanas de barro do tamanho de tendas de praia guardavam a entrada de um desfiladeiro escavado na rocha cárstica. As cristas brancas corroídas por um líquen cor de vinho culminavam a mais de cinco mil metros e se abriam sobre imensos declives onde os rebanhos pastavam. Um fio de água gelada exsudava entre os paredões e desenhava três meandros que se uniam ao rio. Caminhamos vinte minutos para chegar às margens a que os iaques domésticos se dirigiam todas as manhãs na esperança de encontrar uma pastagem mais abundante que a da véspera.

Sem água corrente, sem eletricidade, sem aquecimento. O vento semeava mugidos. Os cães montavam uma guarda atenta. A estrada corria abaixo da escarpa, paralela ao rio, às vezes recebendo uma visita. O jipe do criador de iaques era a esperança de uma excursão ao mundo moderno, a Zadoi, cinquenta quilômetros a leste.

A família de nômades passava o inverno ali, reinando sobre noites a 20ºC negativos e sobre duzentos iaques, à espera de que a primavera voltasse e o vento se acalmasse. As falésias eram um paraíso para a pantera. As cavidades ofereciam refúgios. Os iaques e as cabras azuis ofereciam alimentos. Os homens, por sua vez, não perdiam tempo. Ficaríamos ali por dez dias.

As três crianças eram secas como paus de virar tripa. A agitação as protegia das temperaturas negativas. Gompa, seis anos, e suas duas irmãs mais velhas, Jisso e Djia, de olhos puxados e dentes brancos, conduziam os animais às pastagens ao alvorecer e os traziam de volta ao fim do dia. Passavam o dia sob o vendaval percorrendo o maciço, pilotando animais seis vezes maiores do que elas. Elas tinham visto a pantera ao menos uma vez em suas vidas de dez anos. Em tibetano, pantera das neves se diz *Saâ*, e os pequenos diziam a palavra bem alto, como uma interjeição, com caretas e dedos indicadores à frente da boca à guisa de presas. O tipo de crianças que não pega no sono com contos de Perrault. Às vezes, num vale do alto Mekong, a pantera arrebanhava uma criança, nos dissera o pai.

Tougê, chefe de família, cinquenta anos, nos atribuiu a menor das construções. Ela tinha um luxo específico: a porta se abria para as falésias onde os animais rondavam. Os cães nos adotaram, uma estufa aquecia a peça. À frente, a água do rio corria uma hora por dia, sob o sol mais quente. Às vezes, as crianças nos visitavam. Horas de frio, silêncio e solidão, paisagem imutável, céu de pedra, ordem mineral e temperaturas negativas: dia fadado à estabilidade. Tínhamos consciência de nossa sorte.

Nossas horas se equilibraram entre as marchas forçadas e as horas de hibernação.

À noite, visitávamos a família na cabana vizinha. Atrás da porta de madeira reinava uma tepidez escura. A mãe batia o chá de manteiga, ritmando o silêncio. No Tibete, os aposentos familiares são ventres quentes onde compensar os dias de chuva gelada. Um gato dormia, guardando em suas veias o gene diluído da pantera: por ter escolhido roncar ao calor, ele não conheceria o prazer de sangrar um iaque. Seu parente distante, o lince, continuava vivendo ao ar livre, preferindo a tormenta ao torpor. Um buda dourado cintilava à luz das lamparinas a óleo e o zumbido do ar nos entorpecia o suficiente para que olhássemos uns aos outros sem dizer palavra. Não desejávamos nada. Buda havia ganhado: seu niilismo infundia o entorpecimento. O pai desfiava seu rosário. O tempo passava. O silêncio era a marca de nossa devoção por ele.

De manhã, pegávamos o caminho do cânion. Munier nos deixava numa bancada de rochas ou no topo de uma crista, acima do desfiladeiro. Às vezes nos separávamos em dois grupos, Munier levava Marie para uma dobra vizinha. Ao longe, o Mekong trançava sua cabeleira branca. Esperávamos que surgisse aquela por quem tínhamos vindo, a pantera das neves, *uncia* no nome científico, a imperatriz que havia estabelecido seus domínios naquele cânion e cujas aparições públicas viéramos admirar.

As artes e os animais

Restavam cinco mil panteras no mundo. Estatisticamente, havia mais seres humanos vestidos com casacos de pele. As onças se escondiam nos maciços centrais, do Pamir afegão ao Tibete oriental, do Altai ao Himalaia. A área correspondia ao mapa das aventuras históricas da alta Ásia. A expansão do império mongol, os ataques psiquiátricos do barão Ungern-Sternberg, as corridas dos monges nestorianos pela Seríndia, os esforços soviéticos nas periferias da União, as campanhas arqueológicas de Paul Pelliot no Turquestão: esses movimentos cobriam a cartografia da pantera. Os homens se comportavam como feras dignas desse nome. Munier, por sua vez, patrulhava há quatro anos a margem oriental da região. As chances de avistar uma sombra num espaço do tamanho de um quarto da Eurásia eram muito pequenas. Por que meu camarada não se especializara em retratos humanos, profissão de futuro? Um bilhão e meio de chineses contra cinco mil panteras: aquele rapaz gostava de dificuldades.

  Os abutres se revezavam, sentinelas do réquiem. As cristas eram as primeiras a saudar o dia. Um falcão aspergia o vale com sua bênção. A torre de guarda das aves carniceiras me hipnotizava. Elas velavam por tudo que acontecia na Terra: a morte carrega seu quinhão de animais e provê o alimento. Embaixo, nas encostas íngremes que facetavam a garganta, os iaques pastavam. Deitado na grama, numa espreita calma e fria, Léo esquadrinhava cada rocha com a luneta. Eu era menos minucioso. A paciência tem seus limites e os meus acabavam no pequeno vale. Eu atribuía a cada animal um lugar na escala social do reino. A pantera era a regente e sua invisibilidade confirmava sua condição. Ela reinava e portanto não precisava se mostrar. Os lobos vagavam como príncipes desleais, os iaques eram enormes burgueses de roupas quentes, os linces eram mosqueteiros, as raposas eram fidalgos de província, enquanto as cabras azuis e os burros encarnavam o povo. As aves de rapina simbolizam os sacerdotes, senhores do céu e da morte, ambíguos. Esses eclesiásticos com libré de plumas não se opunham a que as coisas corressem mal para nós.

    O cânion serpenteava entre torreões rasgados de grutas, arcos minados de sombras. A paisagem prateava ao sol. Nenhuma árvore, nenhuma campina. Para a doçura, sempre perder altitude.

    As cristas nunca paravam o vento. As rajadas mudavam a disposição das nuvens e orquestravam luzes albuminadas. Era um cenário de Luís II da Baviera pintado por um gravador chinês, amador de fantasmas. Cabras azuis e raposas douradas deslizavam pelas encostas, atravessavam as brumas, finalizando a composição. Telas compostas há milhões de anos pelas forças da tectônica, da biologia e da destruição.

A paisagem era minha escola de arte. Para apreciar a beleza das formas, é preciso uma educação do olhar. Os estudos de geografia tinham me dado as chaves para os vales aluviais e glaciares. A escola do Louvre teria me iniciado nas nuanças do barroco flamengo e do maneirismo italiano. Eu não achava que a produção dos homens superasse a perfeição dos relevos, nem as virgens florentinas a graça das cabras azuis. Para mim, Munier tinha mais do artista do que do fotógrafo.

Da pantera e dos felinos eu só conhecia as representações artísticas. Ó quadros, ó estações! Na época romana, o felino vagava pela fronteira austral do Império, encarnando o espírito do Oriente. Cleópatra e a pantera dividiam o título de rainha dos confins. Em Volubilis, em Palmira, em Alexandria, os mosaicos mostravam uma panóplia de animais sobre canteiros de flores onde panteras dançavam a ronda órfica com elefantes, ursos, leões e cavalos. O padrão de pintas – "o vestido sarapintado", dizia Plínio, o Velho, no século I – era uma marca de potência e volúpia. Plínio dizia saber que "esses animais são muito ardentes no amor".* Passava uma pantera e o romano via um tapete onde rolar com uma escrava.

Mil e oitocentos anos mais tarde, os felinos fascinaram os pintores românticos. Nos salões de 1830, o público da Restauração descobriu a selvageria. Delacroix pintou felinos no monte Atlas às voltas com um cavalo. Ele produziu quadros furiosos, com músculos e fumaça, em que a poeira voa apesar da matéria densa. O romantismo deu uma bofetada no comedimento clássico. Delacroix conseguiu pintar um

---

* Plínio, o Velho, *História natural*, livro 8.

tigre em repouso, com a força da entrega, antes da carnificina. A pintura se oferecia à brutalidade, uma mudança em relação às virgens de antanho.

Jean-Baptiste Corot concebeu uma pantera de proporções curiosas, cavalgada por um Baco bebê avançando na direção de uma mulher. Esse quadro estranhamente desarmonioso revelava um terror masculino. Temendo a ambiguidade, o homem não gostava que um monstro ronronante brincasse com um bebê e uma gorda bacante. Porque a mulher era perigosa. Não existia excesso de precaução. Através da pantera, o artista visava a fada fatal, a virgem provocante, a Vênus cruel! É sabido que as carniceiras acabam facilmente com os homens e que é preciso se proteger de sua beleza. A Milady de Alexandre Dumas era desse tipo. Um dia, insultada pelo cunhado, ela "soltou um rugido surdo e recuou até o canto do quarto, como uma pantera que se prepara para dar o bote".*

O mito melusiano inspirou o fim de século. O belga Fernand Khnopff – meio onírico e meio simbolista – representou, numa tela críptica de 1896 intitulada *A carícia*, uma pantera com cabeça de mulher acariciando um amante, já pálido. Não ousamos imaginar a sorte do rapaz.

Os pré-rafaelitas haviam invocado o felino em suas telas. Princesas seminuas ou semideusas exaustas apareciam sob uma luz aveludada, ao lado de panteras reduzidas a bonecos com pelagem malhada. Esses pintores celebravam a beleza do tema. Edmund Dulac ou Briton Riviere faziam do animal uma colcha para o pouso de sonhos ultraestilizados.

Depois, a força do animal havia obcecado os mestres da arte nova. A perfeição de sua raça convinha ao estetismo

---

* Alexandre Dumas, *Os três mosqueteiros*.

do músculo e do aço. Jouve a retesava como um arco. A pantera se tornava uma arma. Melhor ainda!, um Bentley de Paul Morand. Ela representava o movimento perfeito, sem piedade nem resistência. Ao contrário dos jaguares, elas não batiam em árvores. Graças às estátuas ultraleves de Rembrandt Bugatti e Maurice Prost, o felino saía do laboratório da Evolução, digno de se enroscar aos pés de uma morena 1930 segurando sua taça de champanhe à frente de seus pequenos seios pontudos.

Cem anos depois, a estampa "leopardo" é vista em bolsas e papéis de parede de Palavas-les-Flots. Cada época tem sua elegância, cada era faz o que pode. A nossa tomava sol de sunga.

Munier não era indiferente à representação do animal nas artes. Ele também o representava. Espíritos monótonos criticavam nosso amigo por destacar a beleza pura, e somente ela. Numa época de angústia e moralidade, consideravam isso um crime. "E a mensagem?", diziam-lhe, "e o derretimento das geleiras?". Nos livros de Munier, lobos pairavam em pleno vazio ártico, grous japoneses se embaralhavam em danças e ursos mais leves que flocos de neve desapareciam no nevoeiro. Nenhuma tartaruga sufocada por sacos plásticos, apenas os animais e sua beleza. Por pouco não nos acreditaríamos no Éden. "Acusam-me de estetizar o mundo animal", ele se defendia. "Mas já temos testemunhas suficientes do desastre! Busco a beleza, presto-lhe minha homenagem. É minha maneira de defendê-la."

Todas as manhãs, no pequeno vale, esperávamos que a beleza descesse dos Campos Elísios.

A primeira aparição

Sabíamos que ela rondava. Às vezes, eu a via: era apenas uma rocha, era apenas uma nuvem. Eu vivia à espera. Em sua temporada no Nepal, em 1973, Peter Matthiessen nunca conseguiu ver a pantera. A quem lhe perguntava se a encontrara, ele respondia: "Não! Não é maravilhoso?".* Claro que não, *my dear* Peter!, não é "maravilhoso". Eu não entendia que alguém pudesse se alegrar com um desapontamento. Era uma pirueta mental. Eu queria ver a pantera, tinha vindo por ela. Sua aparição seria minha oferenda à mulher de que estava separado. E mesmo que a cortesia, isto é, minha hipocrisia, fizesse Munier acreditar que eu o seguia pela simples admiração de seu trabalho como fotógrafo, eu queria uma pantera. Eu tinha as minhas razões, e elas eram íntimas.

 Sem descanso, os três amigos perscrutavam a paisagem com o telescópio. Munier podia ficar um dia inteiro inspecionando os paredões, centímetro por centímetro. "O vestígio de urina sobre uma rocha bastaria", ele dizia. Na segunda noite de nossa chegada ao cânion, voltávamos para o acampamento dos tibetanos quando cruzamos com ela.

---

* Peter Matthiessen, *O leopardo das neves*.

O céu ainda difundia uma luz fraca. Munier avistou-a a 150 metros de nós, ao sul. Ele me passou o telescópio, indicou-me exatamente o lugar para onde olhar, mas demorei para conseguir detectá-la, ou melhor, para compreender que a via. O animal era uma coisa simples, viva, maciça, mas era uma forma para mim desconhecida. A consciência demora a aceitar aquilo que não conhece. O olho recebe a imagem de frente, mas a mente se recusa a aceitá-la.

Ela descansava, deitada ao pé de um ressalto de rochas já escuras, dissimulada entre os arbustos. O córrego da garganta serpenteava cem metros abaixo. Seria possível dar um passo sem vê-la. Uma aparição religiosa. Hoje, a lembrança dessa visão desperta em mim um caráter sagrado.

Ela levantou a cabeça, cheirou o ar. Carregava a heráldica da paisagem tibetana. Sua pelagem, marchetaria de ouro e bronze, pertencia ao dia, à noite, ao céu e à terra. Ela tinha as cristas, os gelos, as sombras da garganta e o cristal do céu, o outono das encostas e a neve eterna, os espinhos dos declives e os arbustos de artemísia, o segredo das tempestades e das nuvens de prata, o ouro das estepes e o sudário das geleiras, a agonia dos carneiros e o sangue das cabras. Ela vivia sob o velocino do mundo. Ela vestia representações. A pantera, espírito das neves, vestia a Terra.

Pensei-a camuflada na paisagem, mas era a paisagem que se anulava diante de sua aparição. Por um efeito óptico digno de um zoom cinematográfico, toda vez que meu olhar caía sobre ela, o cenário recuava, depois era completamente reabsorvido pelos traços de seu rosto. Nascida desse substrato, ela se tornara a montanha, e saía dela. Ela aparecia e o mundo se anulava. Ela encarnava a *Physis* grega, *natura* em latim, para a qual Heidegger dava uma definição religiosa: "o que surge de si mesmo e assim aparece".*

Em suma, um grande gato com manchas surgia do vazio para ocupar sua paisagem.

Ficamos ali até a noite. A pantera dormitava, poupada de toda ameaça. Os outros animais pareciam pobres criaturas em perigo. O cavalo se afasta ao primeiro gesto, o gato foge ao menor barulho, o cachorro sente um cheiro desconhecido e se levanta num pulo, o inseto foge para seu esconderijo, o herbívoro teme os movimentos atrás de si e o homem nunca esquece de olhar para os cantos ao entrar numa sala. A paranoia é uma condição da vida. Mas a pantera tem certeza de seu absolutismo. Ela descansava, absolutamente entregue porque intocável.

Com o binóculo, vi que se espreguiçava. E que voltava a deitar. Ela reinava sobre a vida. Ela era a síntese do local. Sua simples presença representava seu "poder". O mundo constituía seu trono, ela preenchia o espaço que ocupava. Ela encarnava o misterioso conceito do "corpo do rei". Um verdadeiro soberano se contenta em ser. Ele se poupa de agir e se dispensa de aparecer. Sua existência fundamenta sua autoridade. O presidente de uma democracia, por sua vez, precisa se mostrar o tempo todo, mestre de cerimônias.

A cinquenta metros, iaques pastavam, impávidos. Eles estavam tranquilos porque não sabiam que sua predadora estava escondida entre as rochas. Nenhuma presa poderia suportar psiquicamente a ideia de estar perto da morte.

---

* Martin Heidegger, *Observações sobre arte-escultura-espaço*.

A vida é suportável quando o perigo é ignorado. Os seres nascem com seus próprios antolhos.

Munier me passou a luneta mais potente. Examinei atentamente o animal, até meu olho ficar seco naquele frio. Os traços da face convergiam para o focinho, em linhas de força. Ela virou a cabeça, de frente para mim. Os olhos me fixaram. Eram dois cristais de desprezo, ardentes, glaciais. Ela se levantou, estendeu o pescoço em nossa direção. "Ela nos avistou", pensei. "O que vai fazer? Pular sobre nós?"

Ela bocejou.

Esse é o efeito do homem sobre a pantera do Tibete.

Ela nos deu as costas, se espreguiçou, desapareceu.

Devolvi a luneta a Munier. Foi o dia mais lindo da minha vida desde que eu havia morrido.

– Esse pequeno vale não é mais o mesmo agora que vimos a pantera – disse Munier.

Ele também era realista, acreditava na consagração do lugar pela passagem do Ser. Descemos o vale na escuridão. Eu havia esperado por aquela visão, eu a havia recebido. Nada mais seria o mesmo naquele lugar fecundado pela presença. Tampouco em meu interior.

Deitar no espaço-tempo

Depois disso, todas as manhãs, sem nos afastarmos mais de seis quilômetros do alojamento tibetano, subíamos a montanha. Sabíamos que a pantera estava ali, ainda podíamos percebê-la. Todos os dias percorríamos as cristas, com a energia de caçadores de safári. Caminhávamos, buscávamos pistas, emboscávamo-nos. Às vezes nos separávamos em dois grupos, e nos comunicávamos por rádio para compartilhar o resultado de nossas buscas. Perseguíamos o movimento mais tênue. Um voo de pássaro podia ser suficiente.

– Ano passado – contou Munier –, quando tinha perdido a esperança de ver a pantera, guardava meus equipamentos quando um grande corvo deu o alerta na crista. Fiquei para observá-lo e, de repente, a pantera apareceu. O corvo me avisara de sua presença.

– Que estranho movimento de alma leva alguém a atirar num animal como esse? – perguntou Marie.

– "O amor pela natureza" é o argumento dos caçadores – disse Munier.

– Deviam deixar os caçadores entrar nos museus – eu disse. – Por amor à arte, rasgariam um Velázquez. No entanto, por amor a si mesmos, estranhamente, poucos se dão um tiro na boca.

Num único dia daqueles, reunimos centenas de imagens para as lentes de Marie, para as chapas de Munier, para nossos olhares, para nossas lembranças, para nossa edificação. Para nossa salvação, talvez? O primeiro a ver um animal o indicava aos outros. Assim que o percebíamos, uma paz nos invadia, um calafrio nos eletrizava. A excitação e a plenitude, sentimentos contraditórios. Encontrar um animal é uma fonte de juventude. O olho capta uma centelha. O animal é uma chave que abre uma porta. Atrás dela, o incomunicável.

Aquelas horas de espreita estavam nos antípodas de meu ritmo de viajante. Em Paris, eu passava de paixão em paixão, desordenadamente. "Nossas vidas apressadas", disse um poeta. Ali, no cânion, perscrutávamos as paisagens sem garantia de colheita. Esperávamos uma sombra, em silêncio, diante do vazio. Era o contrário de uma promessa publicitária: suportávamos o frio sem certeza de um resultado. Ao "agora não, já" da epilepsia moderna, opunha-se o "sem dúvida nada, nunca" da espreita. Que luxo passar um dia inteiro à espera do improvável!

Jurei para mim mesmo que, ao voltar para a França, continuaria praticando a espreita. Não era preciso estar a cinco mil metros de altitude nos Himalaias. A grandeza desse exercício praticável em qualquer lugar consistia em sempre buscar o que se esperava. Na janela do quarto, no terraço de um restaurante, numa floresta ou à beira d'água, em grupo ou sozinho num banco, bastava arregalar os olhos e esperar que algo surgisse. Algo que nunca notaríamos se não tivéssemos ficado à espreita. E se nada acontecesse, a qualidade do tempo que passava se veria aumentada pela atenção sustentada. A espreita era um modo de operação. Era preciso transformá-la em estilo de vida.

 Saber desaparecer era uma arte. Munier a praticava havia trinta anos, mesclando autoanulação com esquecimento do resto. Ele havia pedido ao tempo que lhe trouxesse aquilo que o viajante suplica ao deslocamento: uma razão de ser.

 Mantemo-nos à espreita, o espaço para de passar. O tempo impõe suas nuanças, em pequenas pinceladas. Um animal chega. Uma aparição. É útil esperar.

 Meu camarada havia esperado a chegada dos bois-almiscarados da Lapônia, dos lobos do Ártico, dos ursos de Ellesmere, dos grous japoneses. Ele havia congelado os dedos do pé na neve, parado dia e noite, fiel às instruções dos snipers: desprezar a dor, ignorar o tempo, não ceder ao cansaço, nunca duvidar do resultado ou desistir antes de ter obtido o que se quer.

 Nos bosques da Carélia, os atiradores de elite do exército finlandês haviam contido os exércitos soviéticos durante a guerra de 1939-1940 apesar de sua inferioridade numérica. Eles haviam aplicado à guerra as técnicas de caça das florestas frias. Alguns se fundiram à taiga, à espreita do bolchevique, a 30°C negativos, o polegar no gatilho de um fuzil de precisão, o magistral M28. Mastigavam neve para não exalar nenhum vapor. Eles se deslocavam, se escondiam, deixavam uma bala na cabeça de um russo, desapareciam, atiravam de novo, móveis, indetectáveis, furtivos portanto realmente perigosos. Transformaram a floresta num inferno.

O mais famoso, Simo Häyhä, pequeno soldado de um metro e cinquenta, matou mais de quinhentos vermelhos nas florestas congeladas. Foi apelidado de Morte Branca. Um dia, foi localizado por um sniper soviético. A bala de um Mosin-Nagant M91/30 russo esmigalhou sua mandíbula, mas ele sobreviveu ao ferimento, desfigurado.

Os snipers finlandeses se diziam desenvoltos, obstinados, equânimes: virtudes de monstros frios. Em finlandês, a palavra *sisu* designa a associação das qualidades de constância e resistência. Como traduzi-la? "Abnegação espiritual", "esquecimento de si", "resistência mental"? No catálogo do heroísmo humano, desde o capitão Ahab atrás de sua baleia branca, nenhum outro sniper finlandês encarnou tão bem a figura do homem imantado por um único objeto.

Munier era invisível e paciente como um sniper finlandês. Ele vivia em *sisu*. Mas não matava, não queria mal a ninguém e nenhum socialista jamais tentara matá-lo.

No exército francês, o 13º regimento de dragões-paraquedistas dominava a arte da camuflagem. Os dragões se infiltravam em território inimigo para espionar as movimentações. Eles se misturavam à paisagem, não produziam nenhum lixo, não exalavam nenhum cheiro, mantinham-se por dias a fio em suas posições. Cobertos com suas redes, as objetivas enroladas em panos cáqui, Munier lembrava um daqueles homens-árvore, homens-rocha, homens-mureta. Uma diferença notável: panteras do Tibete e lobos árticos tinham instrumentos sensoriais mais aguçados que maometanos belicosos.

Às vezes, em pleno exercício de *sisu*, deitado ao lado de Munier, eu devaneava estupidamente: imaginava um dragão-paraquedista escondido numa clareira. Um casal de amantes chegava, excitado por finalmente encontrar um local solitário. O homem deitava a mulher em cima de um dragão camuflado de rocha. Que destino para um agente do serviço de inteligência! Esconder-se em brechas para descobrir segredos de Estado e surpreender Maurice deflorando Marceline. Munier não me contava nada. Eu suspeitava que tivesse testemunhado algo do gênero.

Por enquanto, o tempo passava, e somente ele. Um gipaeto voou em círculos, na esperança de que tivéssemos morrido. Um lobo trotava, sombra sem vergonha. Uma vez, um corvo passou, tormento na memória do céu. Outra, um gato-de-pallas botou a cabeça para fora de seu esconderijo, feroz e encantador. Nossa vontade de acariciá-lo parecia deixá-lo furioso. Percorremos os pequenos vales por três dias inteiros. A pantera podia ser uma rocha, e cada rocha uma pantera. Era preciso ser minucioso. Eu pensava vê-la em tudo: numa mancha de vegetação, atrás de uma pedra, à sombra. Tinha sido invadido pela ideia da pantera. Era um fenômeno psicológico comum: um ser nos obceca, ele aparece em tudo. Por isso os homens muito apaixonados por uma única mulher amam todas as outras, tentando venerar a essência na diversidade de manifestações. Vá explicar isso à esposa que o pegar em flagrante: "Querida, é você que amo em todas as outras!".

Palavras para o mundo

Munier sofria da "síndrome de Moby Dick", em sua forma pacífica e continental. Ele procurava uma pantera em vez de uma baleia e queria fotografá-la em vez de arpoá-la. Mas era consumido pelo mesmo fogo que o herói de Herman Melville.

    Enquanto meus amigos examinavam o mundo à luneta, eu ficava à espreita de um pensamento, ou melhor, de uma palavra certa. Eu escrevia aforismos sempre que podia. Era difícil, pois a pele rachada fazia meus dedos sangrarem. Eu tinha as *Histórias naturais* de Jules Renard como a mais bela homenagem que um homem com um caderno podia prestar à natureza. Jules Renard bendizia a beleza do mundo com a única coisa de que dispunha: palavras. Suas lições das coisas redesenhavam a vida, recriavam o povo da vegetação, do céu e das águas. Ele via uma aranha: "A noite inteira, em nome da lua, ela apõe seus sinetes"; cruzava com um besouro: "Preto e compacto como um buraco de fechadura"; avistava um lagarto: "Filho espontâneo da pedra fendida". Eu me forçava a crer que pensamentos como esses surgiam à consciência de seu autor já formulados. Como uma máquina fotográfica capaz de operar sozinha o obturador.

Jules Renard descreveu campos franceses e animais de gravuras. O que o mundo de Munier, feito de gelo e lobos, lhe inspiraria? Eu me aventurava em "histórias naturais". Lia meus aforismos a meus companheiros e recebia um sorriso incomodado ou uma aprovação cortês:

> *Gazela*: a mulher apressada em disparada, pensada segundo o espírito do lugar.
> *Burro selvagem*: com ele, a dignidade dos incompreendidos.
> *Meandros*: de tanto contemplar os rios do Tibete, os chineses inventaram o macarrão.
> *Deus* utilizou a pantera como mata-borrão para limpar a tinta de sua pluma.
> *Coruja*: o sol nasceu para ver quem cantou a noite inteira.

– E o homem? – perguntou Marie. – Ele não ganha um aforismo?

– O homem? – perguntei. – Deus jogou dados e perdeu.

O pacto da renúncia

O dia chegava ao fim, íamos erguer acampamento. O Mekong jazia, flanco de peixe morto transido de frio. O sol se punha, os meandros pareciam de alumínio, a sombra subia, tocava as cristas, apagando os cumes um a um. Algumas pontas – as mais altas – continuavam iluminadas. A temperatura caía rápido. Era a grande piedade do frio e da morte. Quem pensaria em lutas de animais no meio da escuridão? Teriam todos encontrado um abrigo para aguentar os 35°C negativos? Descemos em busca de calor.

– O chamado do aquecedor! – gritei a Léo.

Em meia hora, estaríamos com uma xícara de chá nas mãos. De que se queixar?

Enquanto isso, o rebanho de iaques domésticos voltava ao acampamento. Como animais de fazenda, éramos guiados pela fome. Apesar da alta opinião que fazia de si mesmo, o homem sempre acabava na frente de um prato de sopa. Descendo as encostas rumo ao rio imóvel, eu pensava no enterro de minha mãe. Havíamos sido surpreendidos num dia de maio: ela morrera sem aviso prévio. Ninguém se preparara para o inelutável. Durante a cerimônia greco-católica melquita, onde seu caixão repousava na frente do iconostásio, alguns de nós pensaram que a vida se tornaria insuportável, que a obscenidade de sua morte nos levaria em seguida. Mas as horas passaram e, de repente, tivemos fome. E eis que a assembleia chorosa que se acreditava inconsolável viu-se reunida em torno da mesa de um restaurante grego, mastigando um peixe grelhado e bebericando um vinho resinado. As glândulas estomacais são mais imperiosas que suas homólogas lacrimais. O apetite do ventre me pareceu, naquele dia, o maior agente de consolo do sofrimento dos homens.

Eu procurava a pantera. Quem de fato procurava? Grandeza da espreita animal: buscamos um bicho, é nossa mãe que nos visita.

A paisagem era um leque. Planos de encostas nuas se intercalavam entre transmundos revestidos de neve. A neve salpicava as ondulações, os deuses se cobriam. Munier formulou a mesma coisa com menos afetação:

– A neve trabalha como um fotógrafo da agência Magnum, em preto e branco.

Dez bharals coloriam as encostas. Eles desapareceram pelas escarpas do oeste. Provocaram desmoronamentos. Seu pânico rompia a ordem. A pantera os estaria espantando? Os rumores do acampamento subiam até nós: marteladas, um zumbido de gerador, latidos. Os mugidos faziam o vale vibrar. As crianças corriam atrás dos iaques e os conduziam para os cercados, empurrando-os como brinquedos para o fundo do cânion. A tiros de funda, aqueles pequenos de um metro de altura guiavam a correnteza. Qualquer coice os estriparia, mas os enormes herbívoros aceitavam ser conduzidos por aqueles pequenos bípedes. A massa se submetia. Isso havia acontecido no Crescente Fértil, quinze mil anos antes do nascimento do anarquista crucificado. Os homens haviam reunido grandes rebanhos. Os bovinos haviam trocado sua liberdade pela segurança. Seus genes se lembravam do pacto. Essa renúncia levava os animais ao cercado, e os homens à cidade. Eu era daquela raça de homens-bovinos: vivia dentro de um apartamento. A autoridade regia minhas ações e gestos, insinuava-se em minhas liberdades particulares. Em troca, fornecia-me uma rede de esgoto e um aquecimento central – em outras palavras, o feno. Naquela noite, os animais ruminariam em paz, ou seja, presos. Enquanto isso, os lobos espreitariam, as panteras rondariam, os cabritos-monteses tremeriam nos paredões. O que escolher? Viver frugalmente sob as estrelas ou ruminar ao calor de seus semelhantes?

Estávamos trezentos metros acima das cabanas. As falésias caíam nas encostas do Mekong. Os iaques eram grãos de areia na estepe. A fumaça da estufa deixava o ar azulado. A temperatura continuava caindo, nada se mexia, o universo dormia. Serpenteávamos por entre as encostas na direção das cabanas, quando ouvimos um rosnado. Não era um canto, era um lamento. O som ecoou dez vezes, amplo e triste. As panteras chamavam umas às outras para perpetrar a raça pintada. De onde vinha aquele lamento? Das margens do rio ou das grutas dos paredões? O miado doloroso encheu o vale. Era preciso um esforço de imaginação para ouvir um canto do amor. As panteras rugiam e se iam. "Eu o amo, eu o evito", dizia a Berenice de Racine, rainha das panteras. E já construía uma teoria do amor proporcional à distância entre os seres. A baixa frequência da convivência garantiria a perpetuação do sentimento.

– É o contrário – corrigiu-me Munier, a quem eu expunha minhas teorias de bar. – Elas se chamam para se encontrar. Elas se escolhem, se buscam. Os rugidos entram em sintonia.

As crianças do vale

Todas as noites, quando chegávamos às cabanas, as irmãs de Gompa nos pegavam pela mão e nos conduziam ao aquecedor. Por anos a fio, elas aprenderiam os gestos de sua mãe e os transmitiriam a suas próprias filhas. Nós as ajudávamos a transportar a água, à maneira asiática: dois baldes pendurados na ponta de uma vara de bambu. O fardo era pesado para minhas costas machucadas. Jisso, trinta quilos, não reclamava para percorrer os duzentos metros entre o rio e as cabanas. Gompa me imitava fazendo caretas, mancando, dobrado em dois. Depois dormitávamos no calor da sala. O buda sorria. As velas difundiam um aroma suave. A mãe servia o chá. O pai em suas peles acordava da sesta. O aquecedor era o eixo. Em torno dele, as constelações familiares: ordem, equilíbrio, segurança. Lá fora, rumores de mastigação. Os animais-escravos descansavam.

Ela não reaparecia. Percorríamos as encostas, explorávamos as cavidades. Passavam raposas, lebres, rebanhos de cabras azuis, mas nunca a pantera, e os gipaetos traçavam sua ronda da morte acima de meu desapontamento.

Era preciso aceitar: ali, a Evolução não apostara na perpetuação da espécie por meio do grande número. Nos ecossistemas tropicais, a vida se dissemina por profusão: nuvem de mosquitos, fervilhar de artrópodes, explosões de pássaros. A vida é curta, rápida, intercambiável: dinamite espermática! A natureza corrige com prodigalidade aquilo que ela dispersa no desperdício da devoração. No Tibete, a longevidade das criaturas compensa sua raridade. Os animais são resistentes, individuados, programados para a longa duração: a vida dura. Os herbívoros pastam a grama escassa. Os abutres cortam o ar vazio. Os predadores voltam de mãos abanando, retomam seus ataques mais tarde, mais adiante, dispersando outros rebanhos. Às vezes, não há nenhum movimento, nenhum sopro, por horas a fio.

O vento arrancava nacos de neve das encostas. Aguentávamos firme. O princípio da espreita consiste em suportar o desconforto na esperança de que um encontro o legitime. A ideia de que ela estava ali e já a víramos, de que ela talvez nos visse e pudesse ressurgir, bastava para tornar a espera suportável. Eu lembrava que o Swann de *Em busca do tempo perdido*, apaixonado por Odette de Crécy, contentava-se com a simples certeza de que ela podia estar com ele mesmo que não estivesse. Lembrava-me vagamente de uma passagem, mas precisei voltar a Paris para encontrá-la e lê-la a Munier. Marcel Proust teria compreendido perfeitamente a essência de nossa espreita, mas, numa temperatura de 20°C negativos, teria sentido frio dentro de sua peliça de vison e teria tossido. Bastava substituir Odette por "a pantera branca": "Mesmo antes de ver Odette, mesmo se não conseguisse vê-la, que felicidade seria andar a pé naquela terra onde, não sabendo localizar Odette com exatidão por enquanto, sentia palpitar por toda parte a possibilidade de sua brusca aparição...".* A possibilidade da pantera palpitava na montanha. Pedíamos apenas que alimentasse um fio de esperança forte o bastante para que suportássemos qualquer coisa.

 Naquele dia, as três crianças vieram até mim, conduzidas por Gompa, o menor e mais tinhoso. Elas foram direto até onde eu estava, cantando, pulando, as roupas desalinhadas, os cabelos levados pelo vento. Elas caminharam até os blocos de pedra onde eu estava escondido, arruinando meus esforços de dissimulação e provando que minha camuflagem não era eficiente. Do fundo do pequeno vale, tinham avistado meu esconderijo, a quinhentos metros de distância! Elas se instalaram comigo, vivazes, encantadoras. Conheciam do mundo apenas aquele vale, e da vida apenas os dias límpidos, ao lado dos animais selvagens e dos iaques domesticados. Aos oito anos, aquelas crianças tinham noções de liberdade, de autonomia e responsabilidades, nariz escorrendo e sorriso nos lábios, um aquecedor como segunda mãe e um rebanho de gigantes a seu encargo. Elas temiam as panteras, mas usavam um pequeno punhal na cintura e se defenderiam em caso de ataque. Além disso, afastavam o medo com cantos ao ar glacial. Elas não tinham orientadores escolares, elas sabiam percorrer a montanha. Circulavam todos os dias por promessas de desfiladeiros que conduziam a passos de montanha abertos ao horizonte. Escapavam da infâmia de nossas infâncias europeias: a *pedagogia*, que

---

* Tradução de Fernando Py. (Marcel Proust, *Em busca do tempo perdido*. Rio de Janeiro: Nova Fronteira, 2016). (N.T.)

tira a alegria das crianças. Seu mundo tinha seus limites, a noite suas friagens, o verão seus encantos, o inverno seus sofrimentos. Elas povoavam um mundo recortado por torres, rasgado por arcos, protegido por paredões. Elas nunca usavam eletrônicos e talvez sua graça fosse proporcional à ausência de banda larga? Munier, Marie e Léo, escondidos ao pé de um paredão da margem direita, vieram até nosso grupo. Então, abandonando todas as chances de surpreender a pantera, instalamo-nos nas rochas até o anoitecer.

Munier mostrou às crianças a impressão em papel de uma fotografia que ele havia tirado um ano antes.

Em primeiro plano, um falcão cor de couro sobre uma rocha cheia de liquens. Atrás, levemente à esquerda, acompanhando o contorno da pedra, invisível ao olhar desprevenido, os olhos de uma pantera fixam o fotógrafo. A cabeça do animal parece fazer parte da rocha, demoramos a localizá-la. Munier havia regulado seu foco para as plumas do pássaro, sem desconfiar que a pantera o observava. Ao estudar as fotografias, dois meses depois, percebeu sua presença. Ele, o naturalista infalível, havia sido enganado. Quando me mostrou a foto, só vi o pássaro. Meu amigo precisou apontar para a pantera para que eu percebesse aquilo que meu olhar nunca teria detectado sozinho, pois tentava apreender uma presença imediata. Depois de localizada, a pantera invariavelmente chamava minha atenção naquela imagem. O insuspeitável se tornara evidente. Aquela fotografia escondia um ensinamento. Na natureza, todos somos olhados. Por outro lado, nossos olhos sempre procuram o mais simples, confirmam o que já sabemos. A criança, menos condicionada que o adulto, apreende os mistérios dos segundos planos e das presenças ocultas.

Nossos pequenos amigos tibetanos não se deixaram enganar. Seus dedos apontaram imediatamente para ela. "*Saâ!*", gritaram. Não que suas vidas na montanha tivessem aguçado seus olhares, mas seus olhos de criança não se deixavam levar para a certeza do óbvio. Eles exploravam as periferias do real.

Definição do olhar artístico: enxergar os animais escondidos sob fachadas banais.

A segunda aparição

Nós a vimos pela segunda vez numa manhã de neve. Estávamos nas cristas de calcário, na saída austral do pequeno vale, acima de um arco erodido pelo vento. Havíamos tomado nossas posições ao alvorecer: o vento nos fustigava o rosto.

Munier mantinha-se estoico, impecavelmente focado em seu olho mágico. Sua vida interior se alimentava do mundo exterior. Nele, a possibilidade de um encontro anestesiava toda dor. Na véspera, ele me falara de seus familiares. "Eles me consideram neurótico: acompanho o voo de uma trepadeira-azul enquanto coisas cruciais acontecem." Respondi-lhe que a neurose, ao contrário, era a difração de nossos cérebros abarrotados de informações. Prisioneiro da cidade, alimentado pelo perpétuo jorro de notícias, eu me sentia um homem diminuído. O parque de diversões retumbava, a máquina de lavar trabalhava, as telas cintilavam. Eu nunca me perguntava: por que o voo dos cisnes seria menos interessante que os tweets de Trump?

De minha parte, para aguentar as horas de espreita, eu mergulhava em lembranças. Transportava-me para o ano anterior, nas praias do Canal de Moçambique, lembrava de um quadro do museu de Le Havre, ou pensava num rosto amado. Então alimentava essas imagens. Elas eram frágeis, pequenas chamas sob a chuva. A mente flutuava, fixando a luz. Não era uma ruminação muito intensa. O tempo acabava passando, apesar do desconforto. Mais tarde, quando o sol iluminava o mundo, as visões desapareciam.

Cabras azuis tinham se apropriado do pequeno vale à nossa altura, na encosta oposta. O sol elevou-se acima das cristas. Todos os animais, num mesmo movimento, se voltavam para a luz. Se o sol fosse Deus, ele veria os animais como fiéis mais fervorosos do que os homens, amontoados sob lâmpadas de neon, indiferentes às suas glórias.

A pantera surgiu na crista. Ela desceu na direção dos bharals. Avançava rente ao chão, num passo contido – cada músculo mobilizado, cada movimento controlado, numa mecânica perfeita. A arma de destruição em massa avançava a passos lentos rumo ao sacrifício do alvorecer. Seu corpo deslizava pelas rochas. As cabras azuis não a viam. Assim caça a pantera, fazendo uso do elemento surpresa. Pesada demais, incapaz de alcançar uma presa veloz (não é como o guepardo da savana africana), ela aposta na camuflagem, aproxima-se das presas contra o vento e dá um bote de vários metros. Os militares chamam de "fulgurância" essa tática de explosão e imprevisibilidade. Quando ela funciona, o inimigo – mesmo em maior número ou mais poderoso – não tem tempo de organizar suas defesas. Surpreendido, ele é derrotado.

Naquela manhã, o ataque deu errado. Uma cabra azul detectou a presença da pantera e sua comoção alertou o rebanho. Para minha surpresa, os caprinos não fugiram e se voltaram para a fera, de frente, para mostrar-lhe que a aproximação fora detectada. Vigiar a ameaça protegia o grupo. Lição das cabras azuis: o pior inimigo é aquele que se esconde.

Pantera desmascarada, fim de jogo. Ela atravessou o pequeno vale diante dos bharals, que, sem tirar os olhos dela, contentavam-se em recuar algumas dezenas de metros para deixá-la passar. Se a pantera fizesse um único movimento brusco, os herbívoros se dispersariam entre as pedras.

A onça atravessou o grupo, saltou sobre as rochas, chegou à aresta, apareceu uma última vez, perfil recortado contra o céu, e desapareceu do outro lado da crista. Nesse momento, Léo, que estava a um quilômetro de nós, numa ondulação norte, captou-a com sua luneta, como se nos revezássemos. Pelo rádio, ele murmurou pedaços de frases, para nos manter a par do que via:

– Ela está na linha da crista... desceu o paredão... atravessou o vale... deitou... seguiu em frente... subiu pela outra encosta...

Esperamos o dia inteiro, ouvindo aquele poema, na esperança de que ela voltasse para nossa encosta. Ela seguia lentamente, tinha a vida pela frente. Nós tínhamos nossa paciência. Que oferecemos a ela.

Voltamos a vê-la ao anoitecer, nas ameias da crista. Ela estava deitada, espreguiçou-se, levantou-se e foi embora, num passo bamboleante. Seu rabo cortou o ar e se imobilizou, desenhando um ponto de interrogação: "Conservarei meu reino diante do avanço de vossas repúblicas?". E desapareceu.

— Elas passam a maior parte de seus oito anos de vida dormindo — disse Munier. — Caçam quando a ocasião se apresenta, refestelam-se e vivem uma semana das reservas.
— E no resto do tempo?
— Dormitam. Às vezes vinte horas por dia.
— Elas sonham?
— Quem sabe.
— Quando fixam o horizonte, contemplam o mundo?
— Creio que sim.

Nas calanques de Cassis, várias vezes observei esquadras de gaivotas e me perguntei: os animais contemplam a paisagem? Os pássaros brancos, muito elegantes, mantinham-se imóveis acima do poente. Nunca se sujavam — peitilhos imaculados, asas nacaradas. Cortavam os ares sem um batimento de asas, surfando sobre as camadas atmosféricas enquanto o horizonte se tingia de vermelho. Não caçavam. Aproveitavam o espetáculo, contradizendo o dogma de sua submissão aos mecanismos de sobrevivência. Mesmo o mais racionalista dos homens não teria recusado o "senso do belo" àqueles animais. Chamemos de senso do belo a agradável convicção de se sentir vivo.

A pantera se alternava entre expedições de caça e sestas deliciosas. Saciada, deitava-se nas pedras calcárias. Eu suspeitava que sonhava com planícies de carnes fumegantes à sua disposição, sobre as quais bastaria saltar para receber sua parte.

A parte dos animais

Assim, em seus oito anos de vida, a pantera abraçava uma existência total: o corpo para o prazer, os sonhos para a glória. Jacques Chardonne resumiu da seguinte maneira a tarefa do homem, em *Le ciel par la fenêtre*: "Viver dignamente em meio à incerteza".

– Definição de pantera! – eu disse a Munier.

– Cuidado! – ele disse. – Podemos acreditar que os animais fruem do sol, da abundância de sangue e de sestas enormes, podemos atribuir-lhes sentimentos elaborados, sou o primeiro a fazê-lo, mas não devemos atribuir-lhes uma moral.

– Uma moral humana, demasiado humana? – perguntei.

– Eles não a têm. – ele disse.

– Vício e virtude?

– Não é com eles.

– Sentimento de vergonha depois do massacre?

– Inconcebível! – retomou Léo, que havia lido os livros.

Ele nos lembrava da fulgurância de Aristóteles: "Cada animal realiza sua parte de vida e de beleza". Em *Das partes dos animais*, o filósofo definia com essa frase toda a conduta selvagem. Aristóteles limitava o destino animal às funções vitais e à perfeição formal, sem entrar em considerações morais. A intuição do filósofo era perfeita, magnificamente pensada, nobremente formulada, totalmente eficaz – grega, em suma! Os animais ocupam um lugar preciso, não ultrapassam os obstáculos instituídos pelas tentativas da Evolução, força de equilíbrio. Cada um constitui um elemento do maquinário da ordem e da beleza. O animal é uma joia da coroa. Por isso o diadema se encharca de sangue. A moral não é convidada para sua sagração, nem a crueldade às devorações. A moral era uma invenção do homem que tinha algo a se censurar. A vida se assemelhava a uma partida de Mikado, e o homem se revelava brutal para esse jogo delicado. Ele desembarcava com uma violência nem sempre necessária à sobrevivência de sua raça e, além disso, saía dos quadros legais instituídos por si mesmo!

"Cada animal distribui sua parte de morte", poderia ter acrescentado Aristóteles. Vinte e três séculos depois, Nietzsche confirmava o postulado em *Humano, demasiado humano*: "E a vida, ao menos, não foi a moral que a inventou". Não, foi a própria vida e seu imperativo de expansão que inventou a vida. Os animais de nosso pequeno vale e do mundo conhecido viviam além do bem e do mal. Eles não buscavam saciar uma sede de orgulho ou de poder.

Sua violência não era uma raiva, suas caçadas não eram devastações.

A morte era apenas uma refeição.

O sacrifício do iaque

— Avistei uma gruta duzentos metros acima da estrada. Vamos usá-la para acampar, ela se abre para a encosta oriental, estaremos no melhor lugar.

Foi assim que Munier nos acordou naquela manhã, uma semana depois de nossa chegada. As cabanas estavam geladas, Léo acendeu o aquecedor e preparamos um chá, depois as mochilas: o primeiro para acordar, o segundo para sobreviver à noite. Levávamos o material fotográfico, as lunetas de observação, os sacos de dormir para 30ºC negativos, víveres, e meu exemplar do *Tao Te Ching*.

— Ficaremos dois dias e duas noites lá no alto. Se ela passar, a gruta será um observatório perfeito.

Subimos por um talvegue perpendicular ao cânion. Demoramos para chegar às escarpas, o ar estava cinzento. Meus amigos penavam. Léo carregava 35 quilos e o enorme telescópio saía para fora de sua mochila. Então até os metafísicos são capazes de esforço, pensei. Marie desaparecia sob uma carga maior do que ela. Mais uma vez, eu não levava nada, andando como um califa cercado de serviçais. Minhas frágeis vértebras me poupavam do esforço, não meu gosto pelas caravanas coloniais.

— Há uma massa escura, ali! — disse Marie.

Um iaque agonizava. Deitado sobre o lado esquerdo, ofegante, o vapor molhava seu focinho. Ele estava morrendo no fundo daquele corredor. Fim das corridas sob o sol. Os caninos da pantera haviam perfurado seu pescoço, seu sangue escorria pela neve. O animal tremia.

Assim caçam as panteras: pulando na garganta de suas presas sem deixá-las fugir. O animal atacado foge em plena encosta, o predador em sua garganta. A corrida acaba na queda dos dois animais — caçador e caça. Eles rolam declive abaixo, caem nas escarpas, batem nas pedras. Os felinos podem quebrar a espinha nessas disputas. Os que sobrevivem ao impacto mancam pelo resto da vida. Os nômades citas haviam representado em seus broches de ouro o motivo do *leopardo no garrote*. Os desenhos mostravam o turbilhão de músculos e pelagens, a dança do ataque e a fuga, consequência mais comum do encontro entre dois animais.

A pantera nos ouvira. Sem dúvida nos observava, escondida nas pedras, preocupada que os bípedes — a raça mais odiada — pudessem roubar sua presa. Ela se enganava, pois as intenções de Munier eram mais sofisticadas do que um roubo de almoço. O iaque estava morto.

— Vamos arrastá-lo uns dez metros, para o fundo da ravina, no eixo da gruta — disse Munier. — Se a pantera voltar, veremos tudo!

Ao anoitecer, estávamos posicionados, instalados num sistema de grutas superpostas, o iaque deitado na grama. "Um duplex!", dissera Léo ao ver as cavidades escavadas uma acima da outra, separadas por um ressalto de trinta metros. Marie e Munier ocuparam a gruta de baixo (a suíte presidencial), fiquei com Léo na de cima (a dependência), o iaque jazia cem metros abaixo (o porão da casa).

O medo do escuro

Quantas noites eu havia acampado dentro de grutas? Na Provença, nos Alpes Marítimos, nas florestas da Île-de--France, na Índia, na Rússia, no Tibete, eu havia dormido sob "bálsamos" com aroma de figueira, em saliências de granito, em falhas vulcânicas, em nichos de grés. Entrando, eu vivia um momento sagrado: o reconhecimento do lugar. Não queria perturbar ninguém. Algumas vezes, assustei morcegos e lacraias. Os rituais eram sempre os mesmos: aplainar o solo, colocar as coisas num recanto protegido do vento. A gruta em que eu acabava de entrar com Léo havia sido ocupada. O chão estava limpo, o teto enegrecido de fuligem, um círculo de pedras revelava o lugar de uma fogueira. As grutas formavam a geografia matricial da humanidade em seus tristes primórdios. Todas haviam tido hóspedes, até que o impulso neolítico soara à saída do abrigo. O homem se dispersara, fertilizando as terras, domesticando os rebanhos, inventado um Deus único e dando início à divisão regrada da Terra para chegar, dez mil anos depois, ao auge da civilização: engarrafamentos e obesidade. Poderíamos modificar o pensamento B139 de

Pascal – "Toda a infelicidade dos homens decorre de eles não saberem ficar quietos dentro de um quarto" – e descobrir que a infelicidade do mundo começou quando o primeiro homem saiu da primeira caverna.

Nas grutas, eu sentia o eco mágico de um velho esplendor. Mesma coisa ao entrar numa igreja: o que havia acontecido ali? Como as pessoas haviam se amado sob aquele teto abobadado? Talvez velhas conversas tivessem impregnado as rochas, como os salmos das vésperas se incorporavam ao calcário cisterciense?

Às vezes, em nossas barracas provençais, meus camaradas riam dessas reflexões. Eles zombavam de mim, dentro de seus sacos de dormir: "Está desenvolvendo uma disfunção sexual, meu velho! Sua ruminação é a nostalgia do incômodo! Está precisando de psicanálise!". Eles acabavam comigo com seus sarcasmos!

Eu gostava das grutas porque elas eram fruto de uma arquitetura imemorial em que o trabalho da água e da dessecação química haviam aberto um orifício numa parede para que nossas noites fossem menos duras.

Léo e eu calçamos um sacro de carneiro sobre um bloco de rocha na entrada da gruta e esse totem da morte e da potência protegeu a abertura. Léo instalou os equipamentos. De nossa posição, víamos o iaque de cima. A espera começou. Um gipaeto planava, asas afastadas como para juntar as duas encostas do vale. A penumbra chegava ao cânion, o frio aumentava o silêncio. Entendi, diante das horas que se anunciavam, o que significaria a ausência de vida interior a 30°C negativos, ao mesmo tempo que amaldiçoei meu gosto pela tagarelice, pois o silêncio se impunha.

Léo era excepcional no papel de estátua. Ele mal se mexia, perscrutando o vale com uma indiscernível varredura de luneta. Acabei me refugiando no fundo da gruta. Abri com a luva meu exemplar do *Tao*: "Age sem nada esperar". Perguntei-me: "esperar já não é agir?". A espreita não era uma forma de ação, visto que deixava a via livre para os pensamentos e para a esperança? Nesse caso, a Via do Tao teria recomendado nada esperar da espera, pensamento que me ajudou a aceitar permanecer ali, sentado na poeira. O Tao tem uma vantagem: seu movimento circular rola na mente, ocupa o tempo, mesmo na semiescuridão de um congelador rochoso a 4.800 metros de altitude. De repente, um vulto se aproximou: Léo veio para o fundo da gruta.

Bem ao longe, iaques passavam pela encosta. Às vezes, um deles escorregava na neve e sua enorme massa de pelos perdia alguns metros. Aqueles enormes guardiões sabiam que haviam perdido um dos seus, uma hora antes? Eles contavam a si mesmos, pobres números condenados a se oferecer aos predadores?

A noite caía, a pantera não voltava, acendemos nossas lanternas de cabeça com filtro vermelho, utilizado nas embarcações da Marinha nacional durante as noites de guarda, para não emitir nenhuma luz identificável. Gostei de me imaginar no convés de um navio, no silêncio da noite onde vagavam as panteras.

As crianças conduziam o rebanho, ouviam-se gritos, a escuridão foi total. Uma coruja montava guarda na falésia da frente, na outra encosta. Seu pio anunciava a abertura das caçadas. "Hu-hu!, durmam, grandes herbívoros, e escondam-se!", dizia a coruja, "as aves de rapina esvoaçam, os lobos rondam na escuridão, pupilas dilatadas, e a pantera cedo ou tarde virá mergulhar seu focinho no ventre de um de vocês."

Na montanha, os esforços do céu do amanhecer nunca são excessivos em sua tentativa de esconder sob uma camada de neve os vestígios das orgias noturnas.

Às oito horas da noite, Marie e Munier vieram a nosso encontro. Num singelo aquecedor, Léo fez a sopa. Falamos da vida nas cavernas, do medo vencido pelo fogo, da conversa nascida das chamas, dos sonhos que se tornaram arte, do lobo que se tornou cão, e da audácia dos homens de ir além. Depois Munier evocou a raiva humana de fazer todos os outros reinos pagarem pelos sofrimentos vividos durante os invernos paleolíticos. Cada um voltou para sua gruta.

Entramos nos sacos de dormir. Se a pantera passeasse à noite, ela sentiria nosso cheiro, apesar do frio. Era preciso aceitar essa ideia deprimente: "A Terra cheira a homem".*

– Léo? – chamei, antes de apagar a lanterna.

– Sim?

– Munier, em vez de presentear a mulher com um casaco de pele, leva-a para ver o animal que o carrega.

---

* Ylipe, *Textes sans paroles*.

A terceira aparição

Às primeiras luzes da aurora, saímos de nossos sacos de dormir. Havia nevado e a pantera estava perto de seu iaque, beiços vermelhos de sangue, pelagem salpicada de branco. Ela havia voltado antes do nascer do sol e dormia, ventre cheio. Seus pelos eram um nácar de reflexos azulados. Por isso a chamavam de pantera das neves: ela chegava como a neve, silenciosa, e se retirava a passos silenciosos, fundida à rocha. Ela havia rasgado a paleta, parte mais nobre. Uma mancha vermelha tingia a veste preta do iaque. A pantera nos viu. Virando-se de lado, ela ergueu a cabeça e nosso olhar cruzou com o seu, brasa fria. Seus olhos diziam: "Não podemos nos amar, vocês não são nada para mim, sua raça é recente, a minha imemorial, a sua se espalha, desequilibrando o poema". Aquele focinho lambuzado de sangue era a alma do mundo primitivo alternando entre trevas e auroras. A pantera não parecia preocupada. Talvez tivesse comido rápido demais. Dormitava por breves momentos. Sua cabeça descansava sobre as patas dianteiras. Ela acordava, cheirava o ar. Uma frase que eu tanto apreciara no *Récit secret*, de Pierre Drieu la Rochelle, martelava-me a mente, e se a proximidade da fera não nos comandasse o silêncio, eu a teria recitado a Munier, por rádio, para comunicar-lhe tudo o que pensava naquele momento: "...eu sabia que havia em mim alguma coisa que não era eu e que era muito mais precioso que eu". Modifiquei-a mentalmente para formular outra: "Há fora de mim alguma coisa que não sou eu e que não é o homem e que é mais precioso, e que é um tesouro além do humano".

Ela ficou ali até as dez horas da manhã. Dois gipaetos vieram acompanhar a cena. Um grande corvo traçou uma linha no céu: encefalograma plano.

Eu tinha vindo pela onça. Ela estava ali, cochilando a poucos metros de mim. A dama da floresta, amada por mim numa época em que eu era outro, antes de minha queda de um telhado, em 2014, teria me explicado os pensamentos da pantera. Por ela, eu encarava o animal com todas as minhas forças. A intensidade com que nos forçamos a usufruir das coisas é uma oração dirigida aos ausentes. Eles teriam gostado de estar ali. É para eles que olhamos a pantera. Esse animal, sonho fugaz, era o totem dos seres desaparecidos. Minha falecida mãe, a mulher perdida: cada aparição as trazia até mim.

Ela se levantou, correu para trás da rocha, reapareceu na encosta. Seu pelo se misturava aos arbustos, deixando um rastro *poikilos*. Essa palavra da Grécia antiga designa a pelagem sarapintada do felino. O mesmo termo descreve as mudanças da mente. A pantera, como o pensamento pagão, circula no labirinto. Difícil de apreender, ela palpita, afinada com o mundo, exultante. Sua beleza vibra no frio. Retesada entre coisas mortas, pacífica e perigosa, masculina com um nome feminino, ambígua como a mais elevada poesia, imprevisível e sem conforto, pintada, cambiante: a pantera *poikilos*.

O brilho desapareceu de vez, a pantera das neves havia sumido. O rádio crepitou:

– Vocês a veem? – perguntou Munier.

– Não, perdemos de vista – disse Léo.

Consentir com o mundo

Início de um dia de espreita. No sul do Líbano, no coração do distrito de Sidon, ergue-se uma capela dedicada à Virgem: Nossa Senhora da Espera. Batizei nossa gruta com esse nome. Léo era o cônego. No telescópio, ele esquadrinhou a montanha até a noite. Munier e Marie deviam fazer o mesmo, no nicho inferior, a menos que ocupassem suas horas de outra maneira. Léo às vezes recuava, de quatro, para beber um gole de chá no fundo da cavidade, depois voltava ao posto de vigia. Munier falara conosco pelo rádio. Ele achava que a pantera havia atravessado o cânion e estava nos terraços rochosos, na encosta oposta: "Ela vai descansar com um olho na presa, vasculhem as rochas à frente, na mesma altura".

Aquelas horas foram nossa dívida paga ao mundo. Eu estava num bote, entre o vale e o céu, esquadrinhando a montanha. Mantinha-me de pernas cruzadas, olhando para a paisagem atrás do vapor de minhas exalações. Eu, que havia pedido à viagem que me enchesse de surpresas, "loucamente apaixonado pela variedade e pelo capricho"*,

---

* Gérard de Nerval, *Aurélia*.

contentei-me em ficar incrustado numa encosta gelada. Teria me convertido ao *Wu Wei*, arte chinesa do não agir? Nada como 30ºC negativos para curvar-nos a esse tipo de filosofia. O mínimo movimento fazia uma corrente de ar frio entrar pelas costas, o que não predispunha a grandes projetos. Ora, claro que se uma pantera tivesse aparecido diante de meus olhos eu teria ficado extasiado, mas nada se mexia e, naquela hibernação desperta, eu não sentia nenhum rancor. A espreita era um exercício da Ásia. Havia o Tao naquela espera de uma das formas do único. Também havia um pouco do ensinamento da *Bhagavad Gita* hindu, negação do desejo. A aparição do animal não teria mudado nada em nosso humor. "Permanece igual no sucesso e no insucesso", dizia-nos Krishna no canto II.

E como o templo amplamente aberto acolhia o amansamento dos pensamentos, eu dizia para mim mesmo que a ciência da espreita, à qual Munier me iniciara, era o antídoto para a epilepsia de minha época. Em 2019, a humanidade pré-ciborgue não consentia mais com o real, não se satisfazia mais com ele, não se entendia com ele, não sabia se harmonizar com ele. Na Nossa Senhora da Espera, eu pedia ao mundo que continuasse a prover o que já estava ali.

Nesse início do século XXI, nós, os oito bilhões de seres humanos, subjugávamos a natureza com paixão. Esgotávamos os solos, acidificávamos as águas, asfixiávamos os ares. Um relatório da Sociedade Zoológica Britânica avaliava em 60% o índice de espécies selvagens desaparecidas em cinco décadas. O mundo recuava, a vida se retirava, os deuses se escondiam. A raça humana se portava bem. Ela construía as circunstâncias de seu inferno, preparava-se para superar o marco de dez bilhões de indivíduos. Os mais otimistas se parabenizavam com a possibilidade de um planeta superpovoado com catorze bilhões de homens. Se a vida se resumisse à satisfação das necessidades biológicas com vistas à reprodução da espécie, a perspectiva era encorajadora: poderíamos copular em cubos de concreto conectados à rede wi-fi comendo insetos. Mas se esperássemos de nossa passagem na Terra sua parte de beleza e se a vida fosse uma brincadeira num jardim mágico, o desaparecimento dos animais se revelava uma notícia atroz. A pior de todas. Ela fora recebida com indiferença. O ferroviário defende o ferroviário. O homem se preocupa com o homem. O humanismo é um sindicalismo como outro qualquer.

A degradação do mundo era acompanhada de uma esperança frenética num futuro melhor. Quanto mais o real se degradava, mais se ouviam imprecações messiânicas. Havia uma relação proporcional entre a devastação do mundo vivo e o movimento de esquecimento do passado e de súplica ao futuro.

"Amanhã, melhor que hoje", slogan odioso da modernidade. Os políticos prometiam reformas ("a mudança", berravam!), os crentes esperavam a vida eterna, os técnicos do Vale do Silício anunciavam o homem aumentado. Em suma, era preciso ter paciência, os futuros cantariam. Era a mesma lenga-lenga: "Se o mundo está estragado, busquemos uma saída de emergência!". Cientistas, políticos e religiosos corriam às portas da esperança. Em contrapartida, para conservar o que nos fora entregue, poucos se mobilizavam.

Aqui, um arauto das barricadas invocava a Revolução e suas tropas irrompiam com pás na mão; ali, um profeta invocava o *Além* e seu rebanho se prostrava a suas promessas; mais adiante, um Dr. Fantástico 2.0 fomentava a mutação pós-humana e seus clientes se enchiam de fetiches tecnológicos. Os homens viviam insatisfeitos. Eles não suportavam sua condição, e dessa outra-vida esperavam benefícios, mas não conheciam a forma. É mais difícil venerar aquilo que já temos do que sonhar com o impossível.

As três instâncias – fé revolucionária, esperança messiânica, provocação tecnológica – escondiam, atrás do discurso de salvação, uma profunda indiferença pelo presente. Ou pior! Elas nos eximiam de um comportamento nobre, aqui e agora, elas nos preservavam de ter que lidar com o que ainda se mantinha de pé.

Enquanto isso, derretimento das geleiras, plastificação, morte dos animais.

"Fabular um mundo diferente do nosso não faz sentido algum."* Eu havia escrito essa máxima de Nietzsche na epígrafe de um pequeno caderno de notas. Poderia tê-la gravado na entrada de nossa caverna. Um lema para aqueles vales.

Éramos muitos, nas cavernas e nas cidades, a não querer um mundo aumentado, mas um mundo celebrado em sua justa partilha, pátria de sua própria glória. Uma montanha, um céu cheio de luzes, caçadas de nuvens, iaques nas arestas: tudo em seu lugar, suficiente. O que não se via podia aparecer. O que não aparecia soubera se esconder.

Este era o consentimento pagão, canção antiga.

– Léo! Vou resumir-te o Credo – eu disse.

– Estou ouvindo – ele respondeu, educadamente.

---

* Nietzsche, *Crepúsculo dos ídolos*.

– Venerar o que está diante de nós. Não esperar nada. Recordar bastante. Evitar as esperanças, fumaças acima de ruínas. Desfrutar do que se oferece. Procurar os símbolos e acreditar na poesia, mais sólida que a fé. Contentar-se com o mundo. Lutar para que ele permaneça.

Léo esquadrinhava a montanha com o telescópio. Estava concentrado demais para me ouvir de fato, o que me dava a vantagem de poder seguir com minhas reflexões.

– Os defensores da esperança chamam nosso consentimento de "resignação". Estão enganados. É amor.

A última aparição

O face a face de nossa admiração e de sua indiferença. Munier estava certo. A pantera se posicionara na encosta oposta, a trezentos metros de nós, a leste, na mesma altura. A luneta a localizou por volta das dez horas. Ela dormitava em cima de uma pedra, erguia a cabeça, lançava um olhar para seu iaque. Certificava-se de que os abutres não afluíssem à carcaça? Depois, esticava a cabeça para o céu, voltava a mergulhá-la em si mesma. Cochilou o dia inteiro. Como estava muito longe, podíamos falar em voz alta, acender os charutos, reativar os aquecedores, porque era bom beber uma sopa naquele congelador. A cada dez minutos, eu me arrastava até os tripés, colava o olho no visor e olhava para seu rosto fino e seu corpo enrolado sobre o próprio calor. A visão, a cada vez, me dava um choque de prazer. É o que acontece quando o olhar se certifica da presença das coisas reais. A pantera, naquela manhã, não era um mito, nem uma esperança, nem o objeto de uma aposta pascaliana. Ela estava ali. Sua realidade era sua supremacia.

Ela não voltou à sua presa. O dia passou. O serviço fúnebre da patrulha dos esfomeados (abutres, gipaetos, corvos) não interveio. Munier às vezes falava ao rádio: "Um merganso a oeste, gralhas-de-bico-vermelho acima do arco". Onde quer que seu olhar pousasse, ele via animais ou adivinhava sua presença. Esse dom, comparável à educação do caminhante refinado que, deambulando pela cidade, localizava uma colunata clássica, um frontão barroco, um acréscimo neogótico, fazia com que Munier se deslocasse por uma geografia constantemente iluminada e sempre generosa, fervilhante de habitantes cuja existência um olho profano não suspeitava. Eu compreendia por que meu camarada vivia isolado nos Vosges. Como ele poderia buscar a conversa de seus pares, se via predadores entre rebanhos plácidos e sabia por que os corvos planavam? Os livros ainda o comoviam: "Saí da escola, aos dezessete anos", ele me dissera, "para entrar na floresta. Nunca mais abri um livro escolar, mas li todo Giono."

A pantera foi embora com a noite. Ela se levantou, deslizou para trás de uma pedra, desapareceu. Dormimos uma segunda noite na gruta, esperando seu retorno. Pela manhã, ela não estava ao lado da carcaça. O frio conservaria o iaque por um bom tempo antes que bicos, mandíbulas e caninos o dilacerassem. Seus tecidos seriam reabsorvidos por outros seres vivos e satisfariam outros caçadores. Morrer é passar.

O eterno retorno do eterno retorno

Munier, Léo, Marie e eu levantamos acampamento e tomamos a direção dos fogos tibetanos sem pronunciar palavra, pois a pantera ocupava nossos pensamentos e não se devia romper um sonho com conversas.

Fazia muito tempo que eu acreditava que as paisagens determinavam as crenças. Desertos exigem um Deus severo, ilhas gregas crepitam de presenças, cidades favorecem o amor de si, selvas abrigam espíritos. O fato de Pais brancos terem conseguido manter a fé num Deus revelado no meio de florestas onde gritavam papagaios me parecia uma façanha.

No Tibete, os vales gelados anulavam o desejo e despertavam a ideia do grande ciclo. Mais alto, os platôs atacados por tempestades confirmavam que o mundo era uma onda e a vida uma passagem. Sempre tive a alma fraca e influenciável. Conformava-me à espiritualidade do local onde aterrissava. Colocado numa cidade iazidi, eu rezava para o sol. Lançado na planície do Ganges, eu seguia Krishna ("Considere com igualdade sofrimento e prazer"). Hospedado nos Monts d'Arrée, eu sonhava com Ankou.

Somente o islã não me influenciava, eu não tinha gosto pelo direito penal.

Ali, no ar rarefeito, as almas migram para corpos provisórios e seguem em frente. Desde minha chegada ao Tibete, eu pensava no peso das vidas sucessivas dos animais. Se a pantera do pequeno vale fosse uma alma incorporada, onde ela se refugiaria depois de sete anos de matança? Que outra criatura aceitaria carregar esse fardo? Como ela se arrancaria do ciclo?

O espírito dos tempos pré-adâmicos penetrava quem quer que captasse seu olhar. Aqueles mesmos olhos haviam contemplado um mundo em que um homem caçava em pequenos bandos, sem certeza de sobreviver. Que alma aprisionada vivia sob aquela pelagem? Quando a onça aparecera, alguns dias antes, pensei reconhecer o rosto de minha falecida mãe: maçãs do rosto altas abaixo de um olhar duro. Minha mãe cultivava a arte do desaparecimento, o gosto pelo silêncio, a retidão vista como autocratismo. Naquele dia, para mim, a pantera fora minha pobre mãe. E a ideia da circulação das almas por um imenso estoque planetário de carne viva, essa mesma ideia simultaneamente formulada no século VI antes de Cristo, em pontos geograficamente distantes – Grécia e planície indo-nepalesa – por Pitágoras e Buda, parecera-me um elixir de consolo.

Chegamos às cabanas. Bebemos o chá diante do rosto imóvel das crianças, lambidos pelas luzes das chamas. Silêncio, penumbra, fumaça: o Tibete hibernava.

A fonte separada

Passamos dez dias no cânion das panteras. Munier quis fotografar as nascentes do Mekong, então dirigimos um dia inteiro até chegar a um acampamento de criadores, ao pé de um paredão. O platô era um escudo de estepe fustigado selvagemente pelo sol. Ao norte, picos brancos se mostravam. Um casal de proprietários de iaques passava o inverno numa cabana de metal superaquecida, ilha em pleno vazio. Cem iaques arrancavam da estepe a grama anêmica de inverno. No dia seguinte, às quatro horas da manhã, deixamos a cabana e seguimos por uma linha que os mapas afirmavam ser o Mekong. "Subam quatro horas. A 5.100 metros, verão uma clareira e a nascente", nos dissera Tsetrin, o guarda. Então aquele era o rio dos nove dragões: um riacho congelado. O gelo estalava. Seguíamos sua trilha quebradiça como precavidos pacientes de curas termais num canal congelado de Baden-Baden. Passamos por uma carcaça de iaque, tomada por abutres. Os pássaros rasgavam a carne, revoavam, voltavam a visitá-la. Até então, eu sempre julgara espetacular o devorar dos mortos com vistas à sua reincorporação. Mas aqueles pescoços avermelhados e aquelas fúrias emplumadas mitigaram minha vontade de um dia ter meu corpo entregue aos urubus. Depois de ver pássaros enlouquecidos com o cheiro de sangue, conclui-se que um vaso de crisântemos num cemitério de Yvelines tem seu encanto.

Subíamos lentamente, eu me forçava a acreditar: era o Mekong, o rio das lágrimas khmers, da nostalgia amarela, da seção 317 e do Buda vivo, das apsaras graciosas e das flores de lótus! Um córrego cor de lua, ainda virgem de impurezas.

A 5.100 metros, encontramos uma estela com ideogramas chineses que provavelmente anunciavam a nascente do rio.

Ali, num anfiteatro de rochas, brotava o alfa da civilização do arroz, coberto por um céu cinzento. Por quase cinco mil quilômetros de extensão, o Mekong atravessava o Tibete, a China, a Indochina até o delta onde Marguerite teve um amante. De aventuras privadas a locais públicos, as águas banhariam os trabalhos e os dias. Haveria batalhas. A fonte do grande rio guarda a questão do Oriente: por que toda fonte deve se ramificar? Por que a separação?

Por enquanto, uma camada de gelo cimentava o cascalho. Era a fonte, o Tao do Mekong, ponto zero, futuro romance. A corrente se unificaria, abrindo caminho na montanha. A suavidade do ar aumentaria seu fluxo, o filete se encheria de vida: primeiro animais microscópicos, depois peixes cada vez mais vorazes. O rio cresceria. Um pescador jogaria sua rede, aldeões matariam sua sede, uma fábrica derramaria suas imundícies: entre os homens, tudo acaba em esgoto. A altitude diminuiria, a cevada cresceria. Um pouco abaixo, chá, trigo, arroz e, um dia, frutas na ponta dos galhos. Búfalos tomariam banho. Às vezes, um leopardo atacaria uma criança entre os caniços. O consolo viria rápido, muitas outras nasceriam. Descendo mais: as mulheres buscariam uma água já cheia de bactérias, o leito começaria a ser canalizado. As peles escureceriam. As meninas secariam lençóis alaranjados em cais de pedra talhada e adolescentes mergulhariam, saltando de pequenas torres, depois a correnteza perderia velocidade, os meandros se espalhariam em seus próprios aluviões, o rio alçaria seu dique, o horizonte se abriria e surgiria a planície irrigada, iluminada pelas centrais a montante. Nos dias de mercado, barcaças se tocariam lado a lado, serpentes nadariam entre os cadáveres semicalcinados, e os Estados disputariam as margens, que teriam se tornado fronteiras. Patrulhas interceptariam os passantes. Os negócios seguiriam seu curso e por fim as águas se misturariam ao mar. Turistas brancos nadariam nas ondas. Saberiam que as panteras teriam um dia lambido aquelas águas, na época em que ainda pertenciam ao céu?

  Aquele destino nascia ali. Os animais que Munier seguia também haviam nascido de uma fonte. Eles tinham se separado. A pantera das neves vinha de uma ramificação com cinco milhões de anos. Se a vida na Terra fosse comparada a um rio, ela teria uma fonte, um leito, braços mortos. Seu curso não havia acabado, ninguém conhecia seu delta. Nós, humanos, saímos de uma subdivisão bastante recente. Nas imagens dos livros de biologia de minha infância, os ramos da Evolução eram representados por gráficos em forma de estuários fluviais. Toda fonte ignora aquilo de que é capaz.

Ficamos no cascalho por uma hora. Depois, descemos escorregando. Munier procurava algum animal. Para ele, uma paisagem vazia era um túmulo. Felizmente, a 4.800 metros, um lobo rolava na neve. Munier ficou satisfeito.

No acampamento, onde falamos do encontro com o lobo, o pastor nos falou das visitas anuais: uma ou duas panteras no inverno, lobos todos os dias. Dizendo isso, encheu tanto o fogo de lenha que acabamos adormecendo. O sono levou a visão da fonte.

Na sopa primordial

Voltávamos para Yushu, por cumes e montes, sem nunca baixar dos quatro mil metros de altitude. Ao cair do dia chegamos a uma estrada que levava a fontes de água quente escondidas nas falésias. Dois lobos passaram na frente dos faróis. A luz destacou o açafrão de suas pelagens – um clarão na noite. Munier saiu do carro. A visão dos dois bandidos no escuro, trotando na direção de um assalto, continuava excitando meu amigo. Ele respirava o ar frio a plenos pulmões, buscando o cheiro dos animais. Ele tinha visto centenas de lobos, na Abissínia, na Europa, na América. Não estava saciado.

– Você não sai do carro quando vê um homem passar – observei.

– O homem sempre passa. Um lobo, raramente.

– O homem é o lobo do homem – eu disse.

– Antes fosse – ele respondeu.

Chegamos às cavidades. Montamos acampamento à beira de uma falésia e, às dez horas da noite, a 25°C negativos, tocamos a água fervente, Marie, Munier e eu, ocultos pelo vapor. Léo guardava o acampamento, mais alto, ao vento. A água brotava de um pedaço de rocha. Foi preciso passar sob uma saliência. Munier conhecia o lugar por ter buscado o macaco-japonês no ano anterior. Ele nos descreveu os macacos de Nagano nas fontes termais, a fumaça turvando seus rostos vermelhos, enchendo seus pelos de estalactites.

Naquela noite, porém, parecíamos *apparatchiks* russos, negociando na sauna os recursos da região. Fumamos charutos cubanos (Épicure n. 2) guardados em tubos de alumínio. Nossa pele adquiriu a consistência do ventre das rãs e nossos havanas a do marshmallow. As estrelas cintilavam.

– Chafurdamos na lama primordial. Somos bactérias do início do mundo – eu disse.

– Estamos um pouco melhor do que elas – emendou Marie.

– As bactérias nunca deveriam ter saído da sopa – disse Munier.

– Não teríamos tido o concerto triplo de Beethoven – observei.

Os fósseis incrustados no teto não datavam dos primórdios do mundo. Eram um episódio recente da aventura. A vida havia nascido numa mistura de água, matéria e gases, quatro bilhões e meio de anos atrás. O *bios* havia lançado suas propostas em todos os interstícios, produzindo, sem relação aparente entre eles (salvo a vontade de se propagar), o líquen, a baleia e nós.

A fumaça dos charutos acariciava os fósseis. Eu conhecia seus nomes por ter tido uma coleção na infância, entre os oito e os doze anos. Eu os dizia em voz alta, pois a enumeração científica lembra um poema: amonites, crinoides, trilobitas. Aquelas criaturas tinham mais de quinhentos milhões de anos. Haviam reinado. Tinham tido suas preocupações: defender-se, alimentar-se, perpetuar a linhagem. Eram minúsculas e distantes. Haviam desaparecido, e nós, humanos que regíamos a Terra (desde uma data recente e por tempo desconhecido), as negligenciávamos. Sua vida, no entanto, havia constituído uma etapa na direção de nosso surgimento. De repente, seres animados haviam saído do banho. Alguns – os mais aventureiros – haviam subido até a praia. Eles haviam engolido uma golfada de ar. E graças a essa inspiração estávamos ali, homens e animais do ar livre.

Deixar aquele banho não foi o momento mais agradável de minha vida. Precisei caminhar sem roupa sobre algas mornas, saltar dentro de minhas botas chinesas, enfiar o enorme casaco canadense e voltar às barracas a 20ºC negativos.

Sair da sopa, rastejar na noite, encontrar um abrigo: a história da vida.

Voltar, talvez!

No dia seguinte, dirigíamos na direção de Yushu pelo platô. O motorista acelerava murmurando orações que falavam de lótus. Ele parecia ter pressa de voltar, talvez de morrer. O zumbido me embalava e, por mimetismo, eu murmurava o *Panta Rhei* de Heráclito, "tudo flui, tudo passa, tudo se apaga", que eu transformava num salmo de minha lavra: "Tudo morre, tudo renasce, tudo retorna para perecer, tudo se alimenta de si". Estávamos perto da cidade. Cruzávamos com mendigos em farrapos que se arrastavam na direção do templo. Eles pensavam como Heráclito, mas não se parabenizavam por essa flutuação geral. Tratavam de obter graças para não reencarnar como cachorros ou, pior, como turistas. Eles queriam escapar do eterno recomeço. Circular sem descanso era sua maldição. O motorista tomou o cuidado de diminuir a velocidade ao chegar à altura deles: para não piorar seus infortúnios, ele não queria atropelar um peregrino. Eu olhava para aqueles grupos pela janela. Nossa época tecnicista se tornara animal, isto é, móvel. No Ocidente, o pensamento reinante do início do século XXI transformava em virtude o movimento dos homens, a circulação das mercadorias, a flutuação dos capitais, a fluidez das ideias. "Avante!", recomendavam as instâncias da interseção planetária. Até então, as civilizações haviam amadurecido segundo o princípio vegetal. Enraizar-se nos séculos, tirar os nutrientes do solo, construir defesas e favorecer a expansão sob um sol invariável protegendo-se da planta vizinha com espinhos adequados. As modalidades haviam mudado: era preciso mover-se com rapidez e sem descanso nas savanas globais. "Em marcha, homens da terra! Circulem! Não há mais nada a ser visto!"

Ao passar o último monte antes de Yushu, os freios falharam. Agarrado no freio de mão, o motorista negociou com as curvas e aumentou a velocidade de seus mantras. Por um estranho reflexo budista e mórbido, ele pisou no acelerador assim que compreendeu que os freios não respondiam mais. E pela feliz influência de seu fatalismo, achei tudo muito lógico. Que importava morrer naquela manhã de pureza! As montanhas cintilavam, os animais reinavam nas cristas e nosso acidente não mudaria nada na circulação das últimas panteras.

O consolo do selvagem

Se eu não tivesse visto a pantera, teria ficado extremamente desapontado? Três semanas no ozônio não foram suficientes para matar o europeu cartesiano em mim. Eu preferia a realização dos sonhos ao torpor da esperança.

Em caso de fracasso, as filosofias do Oriente preparadas no platô tibetano ou no forno gangético me forneceriam um consolo por meio da renúncia. Se a pantera não tivesse aparecido, eu me alegraria com sua ausência. Era o método fatalista de Peter Matthiessen: ver na própria fuga a vanidade das coisas. Assim faz a raposa de La Fontaine: ela despreza as uvas quando compreende que são inacessíveis.

Eu poderia me entregar à divindade da *Bhagavad Gita*. E seguir a injunção de Krishna a Arjuna: considerar com o mesmo coração o sucesso e o fracasso. "A pantera está diante de ti, alegra-te, e se ela não está, alegra-te da mesma forma", ele teria murmurado. Ah, que ópio a *Bhagavad Gita*, e Krishna tinha razão de fazer do mundo uma planície sem relevo batida pelo vento da equanimidade de alma, outro nome para o sono!

Ou eu voltaria ao Tao. Consideraria a ausência equivalente à presença. Não ver a pantera seria uma maneira de ver.

Como último recurso, haveria o Buda. O Príncipe dos jardins revelava que nada é mais doloroso que a espera. Bastaria me livrar do desejo de surpreender um animal caracolando nas pedras.

Ásia, a inesgotável farmacopeia moral. O Ocidente também tinha seus remédios. Um de ordem cristã, outro de fatura contemporânea. Os católicos cicatrizavam o sofrimento com uma tática seminarcísica e semicrística. Ela consistia em regozijar-se com a própria decepção: "Senhor, se não vi a pantera é porque não sou digno de recebê-la e agradeço-te por ter-me poupado da vaidade de encontrá-la". O homem moderno, por sua vez, dispunha de um viático: a recriminação. Bastava considerar-se vítima para poupar-se da admissão do fracasso. Eu também poderia lamentar: "Munier não posicionou direito suas espreitas, Marie fez barulho demais, meus pais me fizeram míope! Além disso, os ricos mataram as panteras, pobre de mim!". Procurar culpados fazia o tempo passar e poupava da introspecção.

Mas eu não tinha nada de que me consolar, pois tinha visto o belo rosto do espírito das pedras. Sua imagem, entrando por minhas pálpebras, vivia em mim. Quando eu fechava os olhos, via seu rosto de felino altivo, seus traços franzidos num focinho delicado e terrível. Eu vira a pantera, roubara o fogo. Carregava a marca em mim.

Aprendi que a paciência era uma virtude suprema, a mais elegante e a mais esquecida. Ela ajudava a amar o mundo antes de querer transformá-lo. Ela convidava a sentar diante da cena, a gozar do espetáculo, mesmo um simples tremular de folhas. A paciência era a reverência do homem ao que existia.

Que qualidade permitia pintar um quadro, compor uma sonata ou um poema? A paciência. Ela sempre recompensava, conferindo na mesma flutuação o risco de encontrar o tempo estendido e o método para não haver tédio.

Esperar era uma oração. Alguma coisa viria. E, se nada viesse, era porque não soubéramos olhar.

A face oculta

O mundo era um porta-joias. As joias se tornavam raras, o homem havia passado a mão no tesouro. Às vezes, ainda encontrávamos algum brilhante. E a Terra cintilava num brilho só. O coração batia mais rápido, o espírito se enriquecia de uma visão.

Os animais eram apaixonantes porque invisíveis. Eu não tinha nenhuma ilusão: não podíamos penetrar seus mistérios. Eles pertenciam às origens, das quais a biologia nos afastara. Nossa humanidade lhes declarara uma guerra total. A erradicação estava quase concluída. Nada tínhamos a dizer-lhes, eles se retiravam. Havíamos triunfado e em breve estaríamos sozinhos, perguntando-nos como poderíamos ter feito a faxina tão rápido.

Munier me permitira levantar um canto do véu para contemplar a errância dos príncipes da Terra. As últimas panteras, chirus e hemíonos sobreviviam acossados, obrigados a se esconder. Ver um deles era contemplar uma belíssima ordem desaparecida: o pacto antigo dos animais e dos homens – uns cuidando de sobreviver, outros compondo poemas e inventando deuses. Por uma razão inexplicável,

Munier e eu sentíamos uma nostalgia dessa velha aliança. "Sombria fidelidade às coisas caídas."*
A Terra havia sido um museu sublime.
Infelizmente, o homem não fora seu curador.

A espreita ordena manter a alma na expectativa. O exercício me revelou um segredo: sempre ganhamos ao melhorar nossa própria frequência de recepção. Nunca vivi numa vibração dos sentidos tão aguçada quanto naquelas semanas tibetanas. Ao voltar para casa, eu continuaria a olhar para o mundo com todas as minhas forças, esquadrinhando suas zonas de sombra. Pouco importava se não houvesse uma pantera na ordem do dia. Manter-se à espreita é uma linha de conduta. Com ela, a vida não passa a impressão de vazio. É possível espreitar sob uma tília na rua de casa, diante das nuvens no céu e mesmo à mesa com os amigos. Nesse mundo, acontecem mais coisas do que pensamos.

Avião, o grande veículo. O da manhã nos levou para Chengdu. Léo lia. Marie fitava Munier, que olhava pela janela. O amor, portanto, não significava olhar "na mesma direção". Marie pensava no futuro, Munier se despedia das panteras. Eu pensava em minhas queridas ausentes. A cada pantera avistada, elas me ofereciam um brilho de si mesmas.

Chengdu, quinze milhões de habitantes, desconhecida dos europeus. Para os chineses, um burgo de tamanho médio. Para nós, uma matriz espermática ao estilo dos pesadelos de Philip K. Dick, com lâmpadas iluminando ruelas onde pedaços de carne pendurados se refletiam em poças.

---

* Victor Hugo, *Os castigos*.

À meia noite, caminhávamos por uma multidão tranquila, homogênea, ondulando em lentas ondas. Estranha visão para mim, pequeno-burguês francês: uma massa civil e não misturada marchava, sem treinamento militar, sem que ninguém ordenasse.

No dia seguinte, voltaríamos a Paris. Por enquanto, uma noite a ser gasta. Chegávamos ao parque do centro da cidade. Munier gritou:

– Lá, no alto!

Uma coruja-das-torres fugia na direção do parque, as asas tocadas pelos feixes de luz. Mesmo ali, Munier seguia os sinais selvagens. A cumplicidade de um homem com o mundo animal torna suportável a estada em cemitérios urbanos. Contei a Marie e Léo a história do náufrago polinésio, Tavae, que navegara à deriva numa canoa no oceano Pacífico por meses a fio e todo dia contemplava o plâncton recolhido num balde, chegando a conversar com os pequenos animais. O exercício poupara o náufrago do frente a frente consigo mesmo, ou seja, da depressão.

Olhar para um animal era colar o rosto num olho mágico. Atrás da porta, transmundos. Nenhuma palavra para traduzi-los, nenhum pincel para pintá-los. Podíamos no máximo captar alguma centelha. William Blake, em *Provérbios do inferno*: "Não compreendes que o menor pássaro que cruza os ares é um vasto mundo de delícias fechado a teus cinco sentidos?". Sim, William! Munier e eu compreendíamos que não compreendíamos. Isso bastava para nos alegrar.

Às vezes, nem era preciso ver os animais. A simples evocação de sua existência podia ser um bálsamo. Descrevendo o espetáculo dos bandos de elefantes na savana africana, os deportados dos campos de extermínio aguentavam moralmente, como contou Romain Gary no início de *Les racines du ciel*.

Chegamos ao parque. Os brinquedos estavam lotados. Os carrosséis giravam, os alto-falantes pulsavam, o vapor de fritura envolvia os pisca-piscas. Até Pinóquio teria ficado enjoado. Os cartazes não deixavam de fazer a propaganda do Partido. O povo chinês havia perdido nos dois âmbitos. Politicamente, sofria a coerção socialista. Economicamente, girava na máquina capitalista. Ele era o peru de duas cabeças da farsa moderna, martelo e algoritmo sob o estandarte.

Que lugar restava às corujas, num mundo laser? Como as panteras voltariam, no meio daquele ódio mundial pela solidão e pelo silêncio, últimas alegrias dos infelizes?

No fim das contas, por que tanta angústia? Ainda tínhamos gira-giras e sorvetes. De que se queixar? A diversão continuava, por que não se juntar a ela, e de que importavam os animais quando se tinha a baderna?

Munier implorou para sair do parque. Aquele carnaval lhe dava nos nervos. Ainda que os tivesse bem sólidos. Passando pelo pórtico, ele apontou para o céu: "A lua!". Estava cheia. "O último mundo selvagem ao alcance do olhar. No parque, não a víamos por causa das guirlandas." Ele não sabia que, um ano depois, os chineses colocariam um robô em sua face oculta.

Tínhamos acabado com a Terra.

O universo agora aprenderia a conhecer o homem.

A sombra ganhava.

Adeus, panteras!

As fotografias da fauna tibetana feitas por Vincent Munier ao longo de várias viagens aos altiplanos foram publicadas no livro *Tibet: minéral animal*, pela editora Kobalann (com poemas de Sylvain Tesson).

lepmeditores

www.lpm.com.br
o site que conta tudo

Impresso na Gráfica BMF
2020